Elementos de
engenharia
econômica

SÉRIE GESTÃO FINANCEIRA

inter
saberes

2ª edição

Andréa Ryba
Ervin Kaminski Lenzi
Marcelo Kaminski Lenzi

Elementos de engenharia econômica

inter saberes

Rua Clara Vendramin, 58 . Mossunguê
CEP 81200-170 . Curitiba . PR . Brasil
Fone: (41) 2106-4170
www.intersaberes.com
editora@intersaberes.com

Conselho editorial	Dr. Alexandre Coutinho Pagliarini
	Drª Elena Godoy
	Dr. Neri dos Santos
	Mª Maria Lúcia Prado Sabatella
Editora-chefe	Lindsay Azambuja
Gerente editorial	Ariadne Nunes Wenger
Assistente editorial	Daniela Viroli Pereira Pinto
Capa	Sílvio Gabriel Spannenberg
Projeto gráfico	Raphael Bernadelli
Preparação de originais	Palavra Arteira

Dados Internacionais de Catalogação na Publicação (CIP)
(Câmara Brasileira do Livro, SP, Brasil)

Ryba, Andréa
 Elementos de engenharia econômica/Andréa Ryba, Ervin Kaminski Lenzi, Marcelo Kaminski Lenzi. 2. ed. Curitiba: InterSaberes, 2016. (Série Gestão Financeira)

 Bibliografia.
 ISBN 978-85-5972-126-3

 1. Engenharia econômica 2. Investimentos – Análise I. Lenzi, Ervin Kaminski. II. Lenzi, Marcelo Kaminski.III. Título. IV. Série.

16-05207   CDD-658.15

Índices para catálogo sistemático:
1. Engenharia econômica: Administração financeira 658.15

1ª edição, 2012.
2ª edição, 2016.
Foi feito o depósito legal.

Informamos que é de inteira responsabilidade dos autores a emissão de conceitos.

Nenhuma parte desta publicação poderá ser reproduzida por qualquer meio ou forma sem a prévia autorização da Editora InterSaberes.

A violação dos direitos autorais é crime estabelecido na Lei n. 9.610/1998 e punido pelo art. 184 do Código Penal.

Sumário

Dedicatória • 7

Apresentação • 9

Como aproveitar ao máximo este livro • 11

1

Elementos de matemática financeira • 15

1.1 Juros simples e juros compostos • 19

1.2 Taxa de juros • 21

1.3 Fluxo de caixa • 25

1.4 Séries de valores • 25

1.5 Inflação • 33

1.6 Variação cambial • 37

1.7 Sistemas de amortização de dívidas • 40

2

Elementos de contabilidade • 53

2.1 Balanço Patrimonial • 56

2.2 Demonstração do Resultado do Exercício • 64

2.3 Demonstração das Mutações do Patrimônio Líquido • 71

2.4 Demonstração do Fluxo de Caixa • 72

2.5 Demonstração do Valor Adicionado • 73

2.6 Capital • 74

2.7 Análise das demonstrações • 76

2.8 Ponto de equilíbrio • 84

3
Elementos de projetos de investimentos • 89

3.1 Projetos de investimentos • 92

3.2 Critérios de análise • 93

4
Tópicos essenciais de projetos de investimentos • 123

4.1 Substituição de equipamentos • 126

4.2 Análise de sensibilidade • 136

4.3 Análise de incertezas • 140

5
Financiamentos e investimentos • 151

5.1 Análise de projetos com financiamento • 154

5.2 Fontes de financiamento • 159

5.3 Fontes de investimento • 161

Estudo de caso • 167

Para concluir... • 175

Referências • 177

Respostas • 179

Sobre os autores • 187

Dedicatória

À nossa família, em especial a nossos pais.

A Deus.

Não chores, meu filho

Não chores, que a vida é luta renhida

Viver é lutar.

A vida é combate

Que os fracos abate,

Que os fortes, os bravos,

Só pode exaltar [...].

Canção do Tamoio (Natalícia) – Gonçalves Dias (1851)

Apresentação

Um dos principais aspectos da engenharia econômica é a decisão, ou escolha, de onde e como fazer investimentos. Essa ciência abarca um vasto campo de pesquisa e de atuação não apenas para administradores, economistas e contadores, mas também para engenheiros, físicos e matemáticos.

Este livro, dividido em cinco partes, é indicado como uma primeira referência sobre o assunto para aqueles que desejam ter o contato inicial com a engenharia econômica. Os conceitos são apresentados de forma clara e didática, e acompanhados da resolução de diversos exemplos. Você iniciará a leitura no universo de um comprador, assim, a partir do exemplo da aquisição de um par de sapatos sob diversas condições são apresentados os aspectos básicos da matemática financeira, como o cálculo de juros, a diferenciação de taxas de juros, a inflação e os sistemas de amortização de dívidas. Em seguida, você será convidado a entrar na esfera do fabricante do sapato, mais especificamente analisando os elementos de contabilidade da empresa, entendendo e formulando os demonstrativos e indicadores contábeis.

Após o domínio das ferramentas básicas, você será apresentado à engenharia econômica propriamente dita, assumindo o papel de diretor da empresa que fabrica os sapatos que comprou e tomando decisões de investimentos. Nessa terceira parte, projeto e análise de investimentos serão discutidos sob diferentes óticas. Dessa forma, serão demonstrados métodos para a análise de investimentos, como o método do valor presente, o método do valor anual, a taxa interna de retorno; além desses temas, serão abordados alguns tópicos de análise de risco. Na última parte, apresentaremos e discutiremos algumas formas de financiamento, para que você saiba como aplicar os conceitos de engenharia econômica a problemas reais ou, melhor ainda, para que seu sonho de ser empresário vire realidade.

Como aproveitar ao máximo este livro

Este livro traz alguns recursos que visam enriquecer seu aprendizado, facilitar a compreensão dos conteúdos e tornar a leitura mais dinâmica. São ferramentas projetadas de acordo com a natureza dos temas que vamos examinar. Veja a seguir como esses recursos se encontram distribuídos no decorrer desta obra.

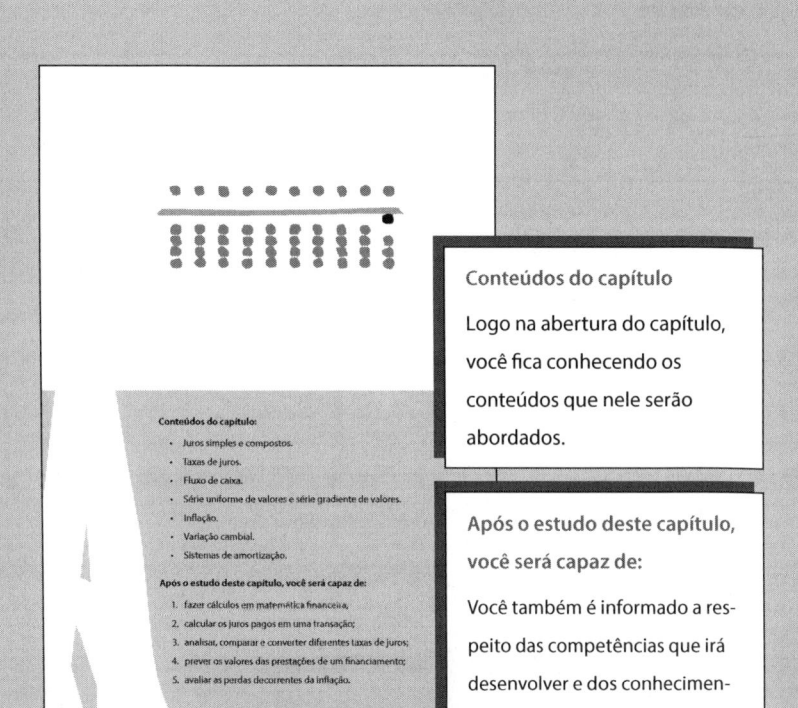

Conteúdos do capítulo

Logo na abertura do capítulo, você fica conhecendo os conteúdos que nele serão abordados.

Após o estudo deste capítulo, você será capaz de:

Você também é informado a respeito das competências que irá desenvolver e dos conhecimentos que irá adquirir com o estudo do capítulo.

Conteúdos do capítulo:
- Juros simples e compostos.
- Taxas de juros.
- Fluxo de caixa.
- Série uniforme de valores e série gradiente de valores.
- Inflação.
- Variação cambial.
- Sistemas de amortização.

Após o estudo deste capítulo, você será capaz de:
1. fazer cálculos em matemática financeira;
2. calcular os juros pagos em uma transação;
3. analisar, comparar e converter diferentes taxas de juros;
4. prever os valores das prestações de um financiamento;
5. avaliar as perdas decorrentes da inflação.

Síntese

A matemática financeira foi nosso primeiro passo para o aprendizado da engenharia econômica. Conceitos que muitas vezes parecem simples, se não forem bem esclarecidos, podem mascarar a real situação da relação tempo-dinheiro. Entretanto, você já é capaz de diferenciar juros simples, que não agregam seu valor ao capital, de juros compostos, que agregam; e taxa efetiva, cujo período de referência da taxa de juros é igual ao período da capitalização, de taxa nominal, que apresenta períodos diferentes. Você também já está ciente de que, para efeito de cálculo, em geral, é a taxa de juros efetiva que deve ser usada, e que o fluxo de caixa nada mais é que uma ferramenta gráfica para ilustrar as despesas e as receitas e que a correção monetária aparece para corrigir a desvalorização do capital decorrente dos efeitos da inflação. Por fim, você foi apresentado aos sistemas de amortização de dívidas, o que o torna capaz de prever o desenrolar de um financiamento, como juros que foram pagos, valores de prestações e saldo amortizado. Logo, os conceitos anteriormente mencionados são imprescindíveis para o completo entendimento e a aplicação desse assunto.

Síntese

Você dispõe, ao final do capítulo, de uma síntese que traz os principais conceitos nele abordados.

Questões para revisão

1. O Banco Fly voltou a procurá-lo propondo novamente a aplicação de R$ 100.000,00 de forma a receber 3 parcelas iguais de R$ 40.000,00, continuando sem ganhos pelo dólar e sem a influência da inflação. Todavia, o banco informa que as parcelas são descritas por distribuições estatísticas normais. A média de cada distribuição é igual ao lucro prometido, nesse caso, R$ 40.000,00. No entanto, os desvios-padrão das distribuições são, respectivamente, de R$ 4.000,00, R$ 500,00 e R$ 8.000,00 para as parcelas de número 1, 2, 3. Considerando a TMA em 5% no Ano 1, 7% no Ano 2 e 10% no Ano 3, o que você pode concluir?

2. Defina *análise de sensibilidade*.

3. Qual dos equipamentos a seguir apresenta necessidade de substituição?
   a) Equipamento com produtividade elevada.
   b) Equipamento com problemas ergonômicos para o operador.
   c) Equipamento com baixíssima poluição sonora.
   d) Equipamento recém-adquirido.

Questões para revisão

Com estas atividades, você tem a possibilidade de rever os principais conceitos analisados. Ao final do livro, os autores disponibilizam as respostas às questões, a fim de que você possa verificar como está sua aprendizagem.

Questões para reflexão

1. Se você fosse responsável pela Asa, como faria para reduzir os custos de produção e, consequentemente, aumentar os lucros? Começaria por onde? Mão de obra? Matéria-prima? É possível estabelecer uma lista de prioridades?

2. Qual é a importância do ponto de equilíbrio? É possível pensar no volume mínimo de vendas?

Questões para reflexão

Nesta seção, a proposta é levá-lo a refletir criticamente sobre alguns assuntos e trocar ideias e experiências com seus pares.

Saiba mais

PINTO, J. C.; LAGE, P. L. da C. **Métodos numéricos em problemas de engenharia química**. Rio de Janeiro: E-papers, 2001.

Consulte o livro de Pinto e Lage para conhecer outros métodos numéricos para a solução de equações algébricas não lineares, como as que são usadas para o cálculo da TIR do investimento.

BNDES – Banco Nacional do Desenvolvimento. Disponível em: <http://www.bndes.gov.br/SiteBNDES/bndes/bndes_pt>. Acesso em: 2 set. 2016.

Consulte a taxa de juros do Financiamento de Máquinas e Equipamentos (Finame), que é muitas vezes utilizada como TMA de empresas. Você encontrará esses valores no *site* do Banco Nacional do Desenvolvimento (BNDES), nas opções "Apoio Financeiro", "Produtos", "BNDES Finame".

Saiba mais

Você pode consultar as obras indicadas nesta seção para aprofundar sua aprendizagem.

Estudo de caso

Esta seção traz ao seu conhecimento situações que vão aproximar os conteúdos estudados de sua prática profissional.

Uma empresa de produtos químicos, a Chemxy, está fazendo um estudo de engenharia econômica para a ampliação de sua fábrica de produção de polietileno. Para tanto, será necessário um investimento de R$ 1.900.000,00 em equipamentos e mais R$ 300.000,00 de capital de giro. Os equipamentos terão custos diretos de produção de R$ 500.000,00/ano e custos indiretos de R$ 50.000,00/ano. As despesas (gerais e fixas) serão de R$ 110.000,00/ano. O fabricante dos equipamentos indica uma depreciação de 10% ao ano por 10 anos. As receitas líquidas adicionais decorrentes da expansão giram em torno de R$ 1.000.000,00/ano, há incidência de Imposto de Renda (IR) de 35% e a vida útil dos equipamentos é de 15 anos, após a qual eles podem valer R$ 10.000,00 (resíduo). A Chemxy possui metade do capital inicial (equipamentos + giro) do investimento, o qual será obtido a partir de transferências no ativo/passivo da empresa. O restante será financiado junto a um banco com taxa de juros efetiva de 5% ao ano, sendo o tempo de financiamento de 10 anos pelo sistema de amortização constante (SAC). Pede-se:

*Elementos de
matemática financeira*

I

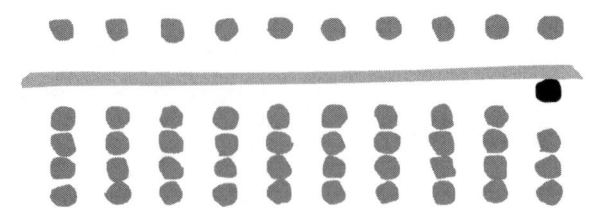

Conteúdos do capítulo:

- Juros simples e compostos.
- Taxas de juros.
- Fluxo de caixa.
- Série uniforme de valores e série gradiente de valores.
- Inflação.
- Variação cambial.
- Sistemas de amortização.

Após o estudo deste capítulo, você será capaz de:

1. fazer cálculos em matemática financeira;
2. calcular os juros pagos em uma transação;
3. analisar, comparar e converter diferentes taxas de juros;
4. prever os valores das prestações de um financiamento;
5. avaliar as perdas decorrentes da inflação.

𝒞om certeza você já deve ter ouvido muitas vezes o ditado "tempo é dinheiro". Será verdade? Se é fato, o que isso significa? Vamos aprender a calcular quanto um período de tempo pode custar a você ou ao seu projeto financeiro? Faremos o seguinte: suponha que você quer comprar um par de sapatos da fábrica Asa[1]. Depois de provar vários pares e fazer sua escolha, para que você realmente possa levar o produto, o vendedor provavelmente deve fazer duas propostas para o pagamento. A primeira deve ser o pagamento do valor à vista, isto é, o desembolso de todo o dinheiro referente à compra no ato. A segunda proposta consiste na divisão do preço final do par de sapatos em algumas prestações, com um pequeno acréscimo ao valor que você pagaria à vista; assim, o desembolso todo do dinheiro de uma única vez torna-se desnecessário.

Depois dessas propostas do vendedor, você deve estar se perguntando o porquê do aumento do valor, já que estamos

---

1. Asa é uma empresa fictícia do ramo de calçados, criada para aplicação, neste livro, dos elementos de engenharia econômica.

falando do mesmo par de sapatos. Uma explicação razoável pode ser a seguinte: o dono da loja já pagou à fábrica Asa pelo par de sapatos que você quer; logo, se você comprá-lo a prestações, ele não vai ter dinheiro para repor o estoque ou pagar o salário do vendedor. Assim, o lojista terá de **emprestar dinheiro** de alguém; por exemplo, de um banco, **que irá cobrar pelo dinheiro emprestado**. Portanto, o dono da loja terá de repassar o valor cobrado pelo banco para você, pois provavelmente a sua compra a prazo levou ao pedido do empréstimo.

Naturalmente, surge outra dúvida: Como o vendedor calculou o acréscimo ao valor que você pagaria à vista? A resposta para essa pergunta é simples: **juros**. Se consultar o *Novo dicionário Aurélio da língua portuguesa* (Ferreira, 2009, p. 1.103), você terá a seguinte definição sobre juros: "juro [Do Latim *jure*] S.m. 1. Lucro, calculado sobre determinada taxa, de dinheiro emprestado ou de capital empregado; rendimento, interesse".

Tudo bem, mas como são calculados os juros (J_n)? A partir do exemplo da compra do par de sapatos, vamos entender as três principais variáveis que influenciam os juros antes de fazer o cálculo. A primeira variável é a **quantidade de períodos de tempo (n)** que serão considerados até ser terminado o pagamento, ou seja, a quantidade de parcelas que você escolheu para pagar o par de sapatos. Essa quantidade, em geral, é dada em meses ou em anos. A segunda variável é o capital (C), que é o valor **presente** a ser dividido nos **n** períodos especificados, ou seja, é o preço do par de sapatos caso você tivesse comprado à vista. A terceira variável é a **taxa de juros (i)**, que reflete uma porcentagem de retorno (ganho) sobre o capital e é baseada em um período. A partir das variáveis que mostramos, veremos, nas próximas seções, como calcular o montante total ou o **valor futuro (Tn)**, que representa a soma do capital e dos juros.

Assim, acabamos de ver que o tempo não só é dinheiro, como também é fundamental em qualquer operação financeira. Agora que você já sabe o que precisa para calcular os juros, mãos à obra!

1.1 Juros simples e juros compostos

A ideia de juros simples é bastante intuitiva. Nessa classe, os juros da parcela atual **não são** incorporados no capital para calcular os juros da próxima parcela, logo, os juros são sempre iguais. Com base nas variáveis que vimos anteriormente, o montante total (T_n), após **n** períodos com taxa de juros **i**, é calculado pela seguinte equação:

$$T_n = C \cdot (1 + n \cdot i) \qquad \text{Equação 1}$$

Você provavelmente conhece os juros compostos como *juros sobre juros*. Não se assuste, também será fácil compreender como fazer os cálculos. Nessa categoria, os juros da parcela atual são incorporados ao capital para calcular os juros da próxima parcela, ou seja, o montante final passa a ser, provisoriamente, o capital. Como veremos mais adiante, o montante total (T_n), após **n** períodos com taxa de juros **i**, é obtido por:

$$T_n = C \cdot (1 + i)^n \qquad \text{Equação 2}$$

Chega de conversa e vamos fazer um exemplo para você entender.

Exemplo 1

O par de sapatos da Asa que você comprou custa R$ 500,00 à vista. No entanto, se você optar por comprá-lo em 3 parcelas mensais, a loja cobrará uma taxa de juros de 5% ao mês. Como calcular o valor final do par de sapatos considerando juros simples? Como refazer os cálculos considerando juros compostos?

Etapa 1) Definição do tipo de juros

Este exemplo é composto por duas partes: uma considera juros simples, e a outra, juros compostos. Então, nesta primeira parte, serão considerados juros simples.

Etapa 2) Identificação das variáveis

Com o enunciado e as definições apresentadas anteriormente, você conclui que $i = 0{,}05$; $C = 500$; $n = 3$.

Etapa 3) Cálculo dos juros (J_n)

Para calcular os juros simples, é utilizada a fórmula $J_n = i \cdot C \cdot n$. Assim, os juros são $J_3 = 0{,}05 \cdot 500 \cdot 3 = 75$. Para saber os juros por mês, basta considerar $n = 1$, assim, $J_1 = 25$. Você deve ter notado que, em cada mês, foi pago um valor de R$ 25,00 de juros e que, no período total, ou seja, nos 3 meses, os juros foram de R$ 75,00. Por isso, lembre-se sempre de que, nos juros simples, os juros a cada parcela são sempre iguais.

Etapa 4) Cálculo do montante total (T_n)

O montante total é obtido pela soma de juros e capital; ou, de uma forma genérica, você pode pensar em utilizar a Equação 1. Portanto, o montante total é dado por $T_3 = 500 \cdot (1 + 3 \cdot 0{,}05) = 575$. Isso significa que, ao fim dos 3 meses, você pagará R$ 575,00 pelo par de sapatos.

Etapa 5) Redefinição do tipo de juros

Agora, vamos considerar juros compostos.

Etapa 6) Identificação das variáveis

Novamente, observamos que $i = 0{,}05$; $C = 500$; $n = 3$.

Etapa 7) Cálculo dos juros (J_n) e do montante total (T_n)

Nos juros compostos, quanto maior for a quantidade de parcelas, maiores serão os juros. Por quê? Lembre-se de que, nessa classe, os juros da parcela atual são incorporados ao capital para o cálculo dos juros da parcela seguinte, ou seja, você deve usar o montante atual no cálculo da parcela seguinte. Nesta etapa, vamos calcular os valores de juros e o montante final parcela a parcela.

$J_1 = C \cdot i = 500 \cdot 0{,}05 = 25$
$T_1 = C + J_1 = C + C \cdot i = C \cdot (1 + i) = 525$
$J_2 = T_1 \cdot i = 525 \cdot 0{,}05 = 26{,}25$
$T_2 = T_1 + J_2 = T_1 + T_1 \cdot i = T_1 \cdot (1 + i) = (C \cdot (1 + i)) \cdot (1 + i) = C \cdot (1 + i)^2 = 551{,}25$
$J_3 = T_2 \cdot i = 551{,}25 \cdot 0{,}05 = 27{,}56$
$T_3 = T_2 + J_3 = T_2 + T_2 \cdot i = T_2 \cdot (1 + i) = (C \cdot (1 + i)2) \cdot (1 + i) = C \cdot (1 + i)^3 = 578{,}81$

O montante final é dado por $T_3 = 578{,}81$. Lembre-se de que, nos juros simples, o montante final foi de R$ 575,00. Assim, nos juros compostos, o montante final é **sempre** maior. Como curiosidade e desafio, repita o procedimento iterativo do cálculo dos juros mais **n** vezes para obter a Equação 2.

> Lembre-se da sutil diferença entre agregar os juros ao capital (juros compostos) ou não (juros simples).

1.2 Taxa de juros

No Exemplo 1, a taxa de juros foi definida em 5% ao mês. Você já se perguntou o que esse número representa? Ainda não? Tem curiosidade? De uma maneira genérica, a taxa de juros representa um percentual cobrado sobre um valor para o cálculo dos juros. Se você considerar juros simples, a taxa de 5% ao mês representa a porcentagem do capital que será cobrada a cada mês. Ao considerar juros compostos, a taxa de 5% ao mês significa que, todo mês, o montante final deve ser acrescido de 5% de seu valor para calcular o montante final do mês seguinte. Se você ficou com dúvida, reveja a solução do Exemplo 1 antes de continuar.

Bom, aí vai outra pergunta: Será que, porque a taxa é de 5% ao mês, a fração tem de ser adicionada ao montante apenas a cada mês? Será que é possível ser feito o acréscimo a cada 2 ou 3 meses? – esse acréscimo é denominado *capitalização*. Resposta: não! Respire fundo e lembre-se de como funciona uma caderneta de poupança. Atualmente, a taxa de juros da poupança é definida em **base anual**, como você pode ler no caderno de economia de qualquer jornal. Entretanto, o banco deposita na sua conta a fração do montante (os juros) **todos os meses**, isto é, a capitalização da poupança é mensal!

Assim, em função dessas duas variáveis – o período de referência da taxa de juros e o período da capitalização –, surgem as seguintes definições:

- **Taxa de juros efetiva** – Quando o período de referência da taxa **é igual** ao período de capitalização. Por exemplo: a taxa de juros de 5% ao ano com capitalização anual. Em geral, quando a taxa de juros é efetiva, não se informa o período da capitalização.

- **Taxa de juros nominal** – Quando o período de referência da taxa **é diferente** do período de capitalização. Por exemplo: a taxa de juros de 5% ao ano com capitalização mensal.

Provavelmente, você deve estar se perguntando qual é o resultado prático dessa diferença. Em primeiro lugar: as equações utilizadas para o cálculo dos montantes (T_n) e dos juros (J_n) no Exemplo 1 consideram taxas de juros **efetivas**.

A segunda informação é para você não se preocupar: é possível converter taxa efetiva em taxa nominal e vice-versa. Para tanto, deve ser usada a Equação 3 para obter uma taxa efetiva ($i_{efetiva}$) com o período de referência de taxa nominal ($i_{nominal}$), que é capitalizada **p** vezes no seu período de referência.

$$i_{efetiva} = \left(1 + \frac{i_{nominal}}{p}\right)^p - 1 \qquad \text{Equação 3}$$

A terceira informação vai deixar você mais feliz ainda: é possível fazer uma conversão do período de referência na taxa de juros efetiva. Para tanto, é só utilizar a Equação 4, que relaciona a taxa de período maior ($i_{efetiva1}$) à taxa de período menor ($i_{efetiva2}$), sendo que o período menor ocorre **w** vezes no período maior.

$$i_{efetiva1} = (1 + i_{efetiva2})^w - 1 \qquad \text{Equação 4}$$

Vamos voltar aos números e rever o problema da compra do par de sapatos para que você perceba a importância de especificar com cuidado a taxa de juros.

Exemplo 2

Calcule o valor final do par de sapatos que custa R$ 500,00, considerando como referência o período de 3 meses e: 1) a taxa de juros de 5% ao trimestre com capitalização trimestral; 2) a taxa de juros de 5% ao trimestre com capitalização mensal.

Etapa 1) Definição do tipo de juros

Nesse caso, serão considerados juros do tipo composto, lembrando que devem ser usados juros efetivos para os cálculos.

Etapa 2) Identificação das variáveis

Mais uma vez, você conclui que **C** = 500. Para o caso 1, a taxa de juros já é efetiva, pois os períodos de referência e de capitalização são iguais; logo, **i** = 0,05 e **n** = 1. Para o caso 2, a taxa de juros é nominal, assim, deve ser utilizada a Equação 3, sendo $i_{nominal}$ = 0,05 e p = 3. Dessa forma, a taxa efetiva trimestral é dada pela Equação 3:

$$i_{efetiva} = \left(1 + \frac{i_{nominal}}{p}\right)^p - 1$$

$$i_{efetiva} = \left(1 + \frac{0,05}{3}\right)^3 - 1 = 0,050838 \cong 0,051$$

Assim, para o caso 2 você pode concluir que i = 0,051 e n = 1. Pronto, agora podemos calcular o montante total.

Etapa 3) Cálculo do montante total (T_n)

Considerando o procedimento do Exemplo 1, o resultado é o seguinte:

Caso 1) $J_1 = C \cdot i = 500 \cdot 0{,}05 = 25$
$T_1 = C + J_1 = C + C \cdot i = C \cdot (1 + i) = 525$

Caso 2) $J_1 = C \cdot i = 500 \cdot 0{,}051 = 25{,}50$
$T_1 = C + J_1 = C + C \cdot i = C \cdot (1 + i) = 525{,}50$

Etapa 4) Análise dos resultados

Observamos que o fato de a capitalização ser mensal no Caso 2 leva a um aumento de R$ 0,50 no montante total. Relembre que, no Exemplo 1, a taxa de juros nominal é de 5% ao mês. Com a Equação 4, a título de comparação, obtemos a taxa efetiva correspondente para um período trimestral. Assim, se $i_{efetiva2} = 0{,}05$ e **w** = 3, temos que:

$$i_{efetiva1} = (1 + 0{,}05)^3 - 1 = 0{,}1576 \cong 0{,}158.$$

Logo, uma taxa efetiva de 5% ao mês (Exemplo 1) corresponde a uma taxa efetiva aproximada de 15,8% ao trimestre. Olhando com olhos de quem quer ver, você enxerga que só faz sentido comparar taxas efetivas com o mesmo período de referência. De hoje em diante, tome cuidado para saber o que realmente está acontecendo ao seu redor e não ser enganado.

> **Lembre-se da distinção:** quando o período de referência da taxa de juros é igual ao da capitalização (taxa de juros efetivos) e quando é diferente (taxa de juros nominais).

1.3 Fluxo de caixa

Até agora, trabalhamos apenas com números. Mas você concorda que uma imagem vale por mil palavras, não? Vamos começar a representar esquematicamente os fluxos de entrada e saída de dinheiro, ou seja, receitas e despesas. Consideraremos a linha horizontal como o tempo dividido em **n** períodos. As **setas verticais** direcionadas **para cima** são as **entradas** (receitas, créditos) e as **setas verticais** direcionadas **para baixo** são as **saídas** (desembolsos, débitos). Pronto, temos um fluxo de caixa. Se você estiver curioso, dê uma olhada no Capítulo 2 para ver como são calculadas as receitas e as despesas.

O que você acha de montar um fluxo de caixa? Considere 5 períodos: um pagamento à vista (desembolso) na data de R$ 200,00, créditos de R$ 100,00 ao fim do segundo e terceiro períodos e um débito de R$ 250,00 ao fim do quinto período. Veja na Figura 1.1 o fluxo de caixa dessas operações:

Figura 1.1 – Fluxo de caixa, em reais

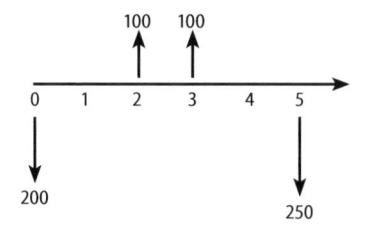

```
        100  100
         ↑    ↑
    ┌────┼────┼────────────→
    0  1 2  3 4    5
    │              │
    ↓              ↓
   200            250
```

1.4 Séries de valores

Desde o Exemplo 1 estivemos preocupados com o cálculo dos juros (J_n) e do montante final (T_n). Mas você deve estar se perguntando sobre o valor da prestação do par de sapatos. Ou será que não está? Qual é o valor das prestações fixas que você pagará pelo par de sapatos se considerarmos juros compostos? Para responder a essa pergunta, vamos denominar de P_n o valor dos termos da série de **n** valores iguais. Portanto, podemos abordar o problema de diferentes formas: inicialmente, você pode conhecer o capital, a taxa de juros e o período se deseja saber o valor da prestação, ou a prestação, a taxa de juros e o período se deseja saber o capital, como dado nas Equações 5 e 6, respectivamente. Você também pode trabalhar com o montante final em vez do capital, como podemos ver nas Equações 7 e 8.

$$P_n = C \cdot \left[\frac{i \cdot (1+i)^n}{(1+i)^n - 1} \right] \quad \text{Equação 5}$$

$$C = P_n \cdot \left[\frac{(1+i)^n - 1}{i \cdot (1+i)^n} \right] \quad \text{Equação 6}$$

$$P_n = T_n \cdot \left[\frac{i}{(1+i)^n - 1} \right] \quad \text{Equação 7}$$

$$T_n = P_n \cdot \left[\frac{(1+i)^n - 1}{i} \right] \quad \text{Equação 8}$$

Em termos de fluxo de caixa, a Figura 1.2 apresenta os diagramas para as prestações (P_n), para o capital (**C**) e para o montante final (T_n):

Figura 1.2 – Fluxos de caixa para o cálculo de prestações fixas

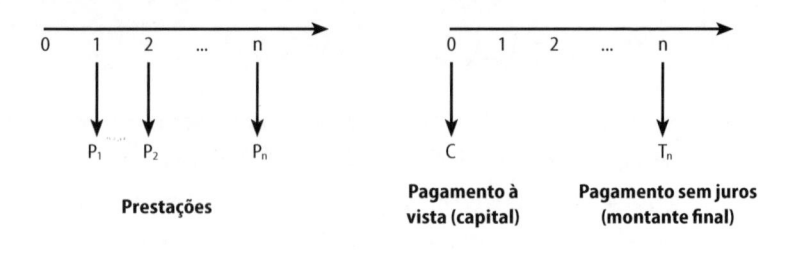

0 1 2 ... n	0 1 2 ... n	0 1 2 ... n
P_1 P_2 P_n	C	T_n
Prestações	Pagamento à vista (capital)	Pagamento sem juros (montante final)

Para fixar e entender melhor esses conceitos, vamos a mais um exemplo?

Exemplo 3

O par de sapatos que você escolheu custa R$ 500,00 à vista. Se você comprá-lo em 3 parcelas mensais, a loja cobrará uma taxa de 5% ao mês. Qual é o valor das prestações, sendo que essas parcelas serão iguais nos 3 meses? Qual é o valor final do par de sapatos? Monte o fluxo de caixa.

Etapa 1) Definição do tipo de juros

Nesse caso, serão considerados juros do tipo composto, lembrando que devem ser usados juros efetivos para os cálculos.

Etapa 2) Identificação das variáveis

Você pode concluir que $C = 500$, $i = 0,05$ e $n = 3$, sendo a taxa de juros efetiva.

Etapa 3) Cálculo da prestação

Você dispõe do valor do capital (C) e deve calcular P_3. Com a Equação 5, você calcula o valor de R$ 183,60 para cada parcela:

$$P_n = C \cdot \left[\frac{i \cdot (1+i)^n}{(1+i)^n - 1} \right]$$

$$P_3 = 500 \cdot \left[\frac{0,05 \cdot (1+0,05)^3}{(1+0,05)^3 - 1} \right] \cong 183,60$$

Etapa 4) Cálculo do montante final

Você possui o valor da prestação, P_3, e deseja calcular T_3. Logo, usando a Equação 8, o resultado encontrado é R$ 578,81, como calculamos no Exemplo 1:

$$T_n = P_n \cdot \left[\frac{(1+i)^n - 1}{i} \right]$$

$$T_3 = 183,60 \cdot \left[\frac{(1+0,05)^3 - 1}{0,05} \right] \cong 578,81$$

Etapa 5) Fluxo de caixa

Na Figura 1.3, você pode ver os fluxos de caixa.

Figura 1.3 – Fluxos de caixa do Exemplo 3, em reais

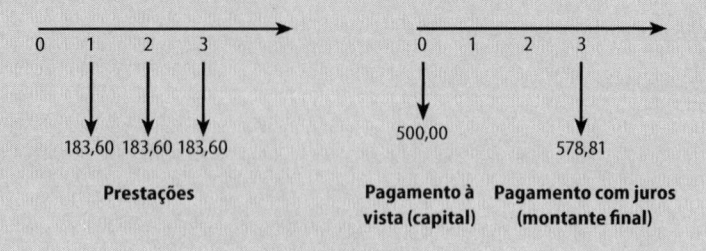

```
0   1   2   3                    0    1    2    3
    ↓   ↓   ↓                         ↓
   183,60 183,60 183,60         500,00              ↓
                                                  578,81
      Prestações                Pagamento à    Pagamento com juros
                                vista (capital)   (montante final)
```

Como você é uma pessoa curiosa, deve estar cogitando a possibilidade de usar parcelas que **não são iguais**. Essa situação de fato ocorre; nesse caso, uma alternativa é considerar o conjunto de prestações distintas como uma série **gradiente**. Para tanto, há um valor base, denominado **G**, a partir do qual são obtidos os valores das demais parcelas, como mostra o fluxo de caixa da Figura 1.4:

Figura 1.4 – Fluxo de caixa da série gradiente

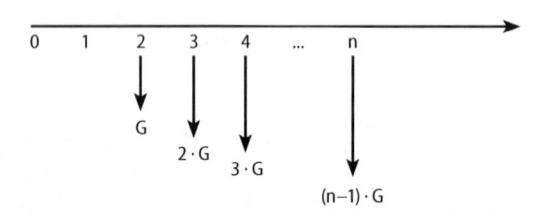

```
0   1   2   3   4   ...   n
        ↓   ↓   ↓         ↓
        G  2·G  3·G
                        (n–1)·G
```

Por definição, observe que a série gradiente começa no período **2** e termina no período **n**. Além disso, note que os valores são múltiplos crescentes do valor base **G**, sendo o último dado por **(n – 1)·G**. Tudo bem; mas, e agora? Qual é a utilidade dessa informação? É simples: com a Equação 9, podemos calcular o valor do capital a partir do valor de **G**, da taxa de juros e do período. Se for necessário, com a Equação 2 é possível calcular também o montante final.

$$C = G \cdot \left[\frac{(1+i)^n - 1 - (n \cdot i)}{i^2 \cdot (1+i)^n} \right] \qquad \text{Equação 9}$$

Para você continuar feliz: a Equação 10 relaciona os valores de G e P_n de forma a possibilitar a obtenção de uma série uniforme equivalente a uma série gradiente.

$$P_n = G \cdot \left[\left(\frac{1}{i}\right) - \left(\frac{n}{(1+i)^n - 1}\right) \right] \qquad \text{Equação 10}$$

Para não perdermos o costume e a prática, vamos a mais alguns exemplos.

Exemplo 4

Voltando ao exemplo da compra do par de sapatos de R$ 500,00 da empresa Asa, qual é a série gradiente correspondente à compra em 6 parcelas, considerando uma taxa de juros efetiva de 5% ao mês? E o fluxo de caixa correspondente?

Etapa 1) Definição do tipo de juros

Nesse caso, serão considerados juros do tipo composto, lembrando que devem ser usados juros efetivos para os cálculos.

Etapa 2) Identificação das variáveis

Você pode notar que $C = 500$, $i = 0{,}05$ e $n = 6 + 1 = 7$ (são 6 parcelas, e no período 1 o valor da parcela é nulo, como você pode ver na definição da série gradiente).

Etapa 3) Cálculo do valor base da série

Com os valores obtidos na etapa anterior, obtém-se o valor de G utilizando-se a Equação 9:

$$C = G \cdot \left[\frac{(1+i)^n - 1 - (n \cdot i)}{i^2 \cdot (1+i)^n} \right]$$

$$500 = G \cdot \left[\frac{(1+0,05)^7 - 1 - (7 \cdot 0,05)}{(0,05)^2 \cdot (1+0,05)^7} \right] \to G = 30,80$$

Etapa 4) Cálculo das prestações

Ao observar o fluxo de caixa da série gradiente, note que a parcela do período **n** é dada por $G_n = (n - 1) \cdot G$. Assim, as parcelas são:

G1 = 0 · G = 0
G2 = 1 · G = 30,8
G3 = 2 · G = 61,6
G4 = 3 · G = 92,4
G5 = 4 · G = 123,2
G6 = 5 · G = 154,0
G7 = 6 · G = 184,8

Etapa 5) Fluxo de caixa

A Figura 1.5 apresenta o fluxo de caixa das prestações:

Figura 1.5 – Fluxo de caixa da série gradiente do Exemplo 4, em reais

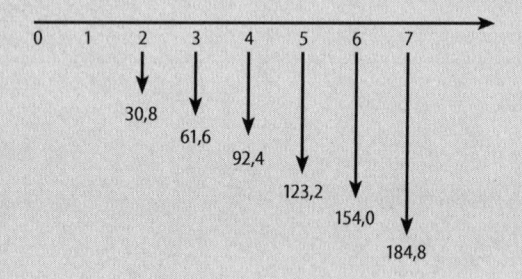

Exemplo 5

Vamos supor que o vendedor propôs a você o pagamento do par de sapatos nas condições do fluxo de caixa apresentado pela Figura 1.6, a seguir. O vendedor obteve as seguintes parcelas considerando uma taxa de juros de 5% ao mês. Qual é o valor considerado para o par de sapatos (capital) para fazer as prestações?

Figura 1.6 – Fluxo de caixa do Exemplo 5, em reais

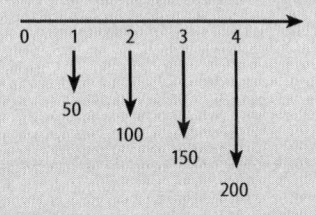

```
0   1   2   3   4
    ↓
    50  ↓
        100 ↓
            150 ↓
                200
```

Etapa 1) Definição do tipo de juros

Nesse caso, serão considerados juros do tipo composto, lembrando que devem ser usados juros efetivos para os cálculos.

Etapa 2) Identificação das variáveis

Novamente, você pode ver que $i = 0,05$ e $n = 4$. Agora vem o ponto chave do problema. Se você pensou em usar uma série gradiente, errou. Volte ao exemplo anterior e veja que o valor da parcela no primeiro período é **zero**. Como saímos desse impasse? A resposta é simples: a partir da composição de fluxos de caixa. Olhando a Figura 1.7, você entenderá claramente a solução:

Figura 1.7 – Composição de fluxos de caixa, em reais

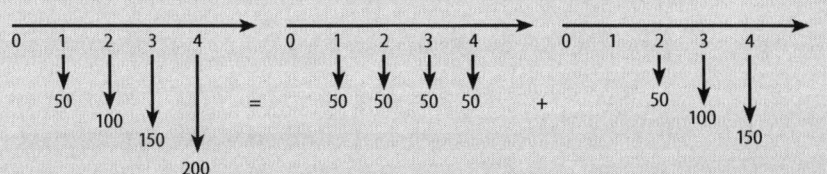

```
0  1  2  3  4        0  1  2  3  4          0  1  2  3  4
   ↓                    ↓  ↓  ↓  ↓              ↓
   50 ↓          =      50 50 50 50    +        50 ↓
      100 ↓                                        100 ↓
         150 ↓                                         150
            200
```

Logo, o fluxo de caixa proposto pelo vendedor equivale à **soma** de uma **série uniforme** a uma **série gradiente**. Você pode concluir que, para a série de valores constantes, o valor de $P_n = P_4 = 50$. Logo, para a série gradiente, você deve concluir que $G = 50$.

Etapa 3) Cálculo do valor presente

O valor presente ao qual nos referimos é o capital (**C**) mencionado nos exemplos anteriores. Logo, o capital total é dado pela soma do capital de cada uma das séries. Assim, para a série de valores constantes, temos, utilizando a Equação 6:

$$C = P_n \cdot \left[\frac{(1+i)^n - 1}{i \cdot (1+i)^n} \right]$$

$$C = 50 \cdot \left[\frac{(1+0{,}05)^4 - 1}{0{,}05 \cdot (1+0{,}05)^4} \right] = 177{,}30$$

Para a série gradiente, utilizando a Equação 9, temos:

$$C = G \cdot \left[\frac{(1+i)^n - 1 - (n \cdot i)}{i^2 \cdot (1+i)^n} \right]$$

$$C = 50 \cdot \left[\frac{(1+0{,}05)^4 - 1 - (4 \cdot 0{,}05)}{(0{,}05)^2 \cdot (1+0{,}05)^4} \right] = 255{,}14$$

Assim, o valor do par de sapatos é de R$ 432,44. Desse modo, você observa que a soma das parcelas é de R$ 500,00; portanto, maior que o valor presente que acabamos de calcular. Logo, fica a lição: cuidado ao somar parcelas sem levar em conta o **tempo**.

Continuando nossa conversa sobre juros, até agora admitimos que a capitalização (pagamento ou recebimento) é feita no final do período indicado, ou seja, ao final de um mês ou de um ano. No entanto, será que é necessário esperar o término do período? A resposta é **não**. Assim, se as capitalizações forem feitas em intervalos consideravelmente curtos, quando comparados ao intervalo total, admite-se que o sistema é contínuo. Isso ocorre em uma aplicação com período anual, mas com capitalizações diárias. Dessa forma, é necessário redefinir a forma de cálculo dos juros quando considerado um sistema contínuo. Se você tiver uma taxa nominal **i** ao ano, mas capitalizada continuamente, essa taxa nominal equivale à seguinte taxa efetiva:

$$i_{efetiva} = e^{i_{nominal}} - 1 \qquad \text{Equação 11}$$

As equações que vimos até agora não podem ser utilizadas para taxas de juros com capitalização contínua. Assim, para essa situação, da Equação 1 até a Equação 10, o termo **i** deve ser substituído pela Equação 11. Por exemplo: a equação do cálculo de valores futuros (Equação 2) passa a ser dada pela expressão a seguir, no caso de taxa de juros com capitalização contínua, no qual **exp** é a função exponencial:

$$T_n = C \cdot \left(\exp(i \cdot n)\right) \qquad \text{Equação 12}$$

1.5 Inflação

Você ficou com dor na consciência e acabou não comprando o par de sapatos Asa pelos R$ 500,00. Depois de 2 meses, você voltou à loja e teve um susto: o sapato custava R$ 600,00. Por que esse aumento? Na verdade, existe um nome para isso: *inflação*. Se consultar novamente o *Novo dicionário Aurélio da língua portuguesa* (Ferreira, 2009, p. 1.164), você verificará a seguinte definição: "Inflação [do latim *inflatione*] S.f. 4. Econ. Aumento geral de preços (em geral acompanhado por um aumento na quantidade de meios de pagamento), com consequente perda do poder aquisitivo do dinheiro".

Assim, significa que **hoje** os seus R$ 500,00 **não** conseguem comprar mais o mesmo produto em comparação a **2 meses** atrás.

Essa desvalorização do dinheiro e o consequente aumento dos preços podem ocorrer em função de diversos motivos. Você consegue pensar em algum? Aí vão alguns pontos para você refletir:

- aumento da demanda de um produto sem as condições de produção anteriores;
- especulação de estoques;
- excesso de circulação de dinheiro.

Você deve estar se perguntando o porquê desse assunto. Em primeiro lugar, alguns países não têm inflação controlada e, devido à globalização, imagine que você precisa fazer algum negócio internacional. Assim, começamos perguntando: Como levar em conta a inflação nos cálculos financeiros? A resposta é simples: com base na correção monetária, um mecanismo que compensa o efeito da inflação por meio da alteração periódica dos valores.

Como fazer os cálculos de correção monetária? A forma mais simples e amplamente utilizada é considerar uma taxa global de juros. Assim, se representarmos a inflação como uma taxa de correção monetária no período (ϕ) e, para **esse mesmo período**, considerarmos a taxa de juros efetiva ($i_{efetiva}$), a taxa global de juros (i_{global}) é dada pela seguinte equação:

$$\left(1 + i_{global}\right) = (1 + \phi) \cdot \left(1 + i_{efetiva}\right) \qquad \text{Equação 13}$$

Caso sejam considerados **n** períodos, sendo que em cada um haja uma taxa de correção monetária, a seguinte expressão deve ser considerada:

$$\left(1 + i_{global}\right)^n = (1 + \phi_1) \cdot \ldots \cdot (1 + \phi_n) \cdot \left(1 + i_{efetiva}\right)^n \qquad \text{Equação 14}$$

Essa taxa de juros global deve ser utilizada nas equações que já usamos para fazer os cálculos financeiros. Neste livro, consideraremos a correção monetária como um dado valor apenas para fins didáticos. No entanto, os valores oficiais podem ser obtidos a partir de *sites* de instituições do governo federal, tais como do Banco Central ou do Ministério da Fazenda, ou, ainda, de referências específicas sobre esse assunto. Por outro lado, para saber os valores reais da inflação, você pode consultar os índices apresentados no caderno de economia de qualquer jornal e, ainda, para conhecimento, pode acompanhar alguns índices representativos da inflação, como: Índice Geral de Preços (IGP); Índice de Preços por Atacado (IPA); Índice Nacional da Construção Civil (INCC); Índice de Preços ao Consumidor da Fundação Instituto de Pesquisas Econômicas (IPC-Fipe); Índice do Custo de Vida do Departamento Intersindical de Estatística e Estudos Socioeconômicos (ICV-Dieese); Índice Nacional de Preços ao Consumidor (INPC); entre outros. Então, vamos ao que interessa: façamos mais um exercício para fixar os conhecimentos.

Exemplo 6

Suponha que a loja fez uma proposta maluca a você para comprar o par de sapatos hoje por R$ 500,00, saldando esse valor apenas daqui a 1 ano. Se a loja cobrasse de você uma taxa de juros de 1% ao mês e a inflação fosse de 10% ao semestre, qual seria o valor do par de sapatos daqui a 1 ano?

Etapa 1) Identificação das variáveis

Nesse caso, precisamos analisar com cuidado, pois há duas taxas envolvidas: a taxa de juros efetiva e a inflação, e, para complicar, elas estão baseadas em períodos distintos. Assim, precisamos definir um período igual para ambas (por exemplo, mensal). Precisamos, ainda, transformar a taxa de inflação de um período semestral na taxa de um período mensal e só então calcular a taxa de juros global. Essa operação pode ser feita facilmente pela Equação 4, o que resulta em uma inflação mensal aproximada de 1,6%:

$$i_{efetiva1} = (1 + i_{efetiva2})^W - 1$$

$$0,10 = (1 + i_{efetiva2})^6 - 1 \rightarrow i_{efetiva2} \cong 1,6\%$$

Com a Equação 13, você pode calcular a taxa de juros global ao mês:

$$(1 + i_{global}) = (1 + \phi) \cdot (1 + i_{efetiva})$$

$$(1 + i_{global}) = (1 + 0,016) \cdot (1 + 0,01) = 0,0262$$

Finalmente, temos as seguintes variáveis: $i = 0,0262$; $C = 500$; $n = 12$.

Etapa 2) Cálculo do montante total (T_n)

A partir da Equação 2, podemos calcular o montante total (T_n), ou seja, o valor do par de sapatos daqui a um ano, considerando os juros e levando em conta o efeito da inflação.

$$T_n = C \cdot (1 + i)^n$$

$$T_{12} = 500 \cdot (1 + 0,0262)^{12} \rightarrow T_{12} = 681,95$$

> Você deve sempre ficar atento ao fato de que, para calcular a taxa de juros global, a taxa de correção monetária e a taxa de juros efetiva devem ser correspondentes ao mesmo período.

Você já pensou em qual deve ser o ganho real de uma aplicação? Lembre-se de que a inflação reduz os ganhos. Vamos analisar um cenário para fixarmos esse importante aspecto: o **ganho real**. Nesse caso, basta manipular a Equação 13 de forma a isolar a taxa de juros efetiva. Suponha que, em vez de comprar o par de sapatos, você decide aplicar os R$ 500,00 com rendimentos de 50% ao ano. Mas, nesse período, estimamos uma inflação de 20%. Qual será o ganho real da aplicação? A resposta a essa pergunta é bastante simples, basta utilizarmos a seguinte fórmula:

$$\text{Ganho Real} = \left[\frac{1 + \text{taxa de rendimento da aplicação}}{1 + \text{taxa de inflação}}\right] - 1 \qquad \text{Equação 15}$$

Dessa forma, para o cenário proposto, o ganho real é dado por:

$$\text{Ganho real} = \left[\frac{1 + 0{,}50}{1 + 0{,}20}\right] - 1 \cong 25\%$$

> Assim, verifica-se que o ganho real é menor do que o ganho previsto. Veja só o que a inflação é capaz de fazer.

Finalmente, a importância da inflação está na definição dos valores de taxas de juros que podem ser prefixadas ou pós-fixadas. As prefixadas têm um valor fixo que engloba juros e inflação. Nesse caso, há o risco de a inflação ser maior que o previsto e você acabar perdendo dinheiro. Entretanto, se a inflação for menor que o previsto, você ganhará mais que o esperado. Se você optar por taxas pós-fixadas, aquelas em que apenas a taxa de juros é fixa, a inflação a ser avaliada deve ser a efetiva no período posterior.

1.6 Variação cambial

Como vimos, a inflação leva a uma contínua desvalorização do dinheiro. Como fugir desse efeito? Financeiramente falando, uma alternativa rápida é a compra de moeda estrangeira, preferencialmente de países com economia estável. Assim, ao comprarmos moeda de outras nações, estamos sujeitos a uma possível valorização/desvalorização dessa moeda em relação à moeda original, fato que denominamos *variação cambial*. No entanto, devemos sempre levar em consideração que a moeda estrangeira também pode estar sujeita à inflação. Desse modo, é importante sabermos como levar em conta esses aspectos nos cálculos financeiros. De forma simplificada, podemos utilizar a mesma fórmula utilizada para o cálculo da inflação, ou seja,

$$(1 + \phi) = (1 + \phi_1) \cdot (1 + \phi_2)$$

Equação 16

Em que:

- ϕ = taxa de inflação na moeda interna;
- ϕ_1 = variação cambial (valorização da moeda estrangeira);
- ϕ_2 = inflação da moeda estrangeira.

Exemplo 7

Suponha que, em vez do par de sapatos Asa, você decida aplicar R$ 500,00 de forma a receber parcelas de R$ 150,00; R$ 200,00 e R$ 250,00. No entanto, além dos juros que já estão embutidos nas parcelas, é prometido a você um ganho a mais, ou seja, as parcelas estão ligadas à taxa de variação do dólar, que é estimada em 10%, 15% e 20%, o que, sem sombra de dúvidas, representa um lucro maior do que o esperado. Mas, nesse período, espera-se uma taxa de inflação de 12%, 17% e 21% para nossa moeda. Você é capaz de representar o fluxo de caixa para o ganho real, considerando os juros e a taxa de variação cambial? E considerando os juros, a taxa de variação cambial e a taxa de inflação?

Etapa 1) Fluxo de caixa básico

Nesta etapa, vamos representar o fluxo de caixa considerando apenas os valores de juros embutidos (Figura 1.8), ou seja, somente as 3 parcelas mencionadas no enunciado do exercício.

Figura 1.8 – Fluxo de caixa básico, em reais

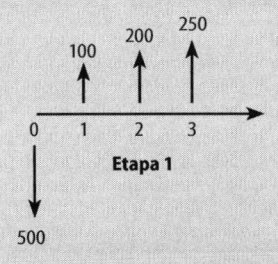

```
              100   200   250
               ↑     ↑     ↑
       0   1   2   3
               Etapa 1
       ↓
      500
```

Etapa 2) Fluxo de caixa básico com a variação do dólar

A variação do dólar é positiva; assim, os valores das parcelas devem ser aumentados proporcionalmente à taxa de variação cambial. Se você analisar a Equação 14 com cuidado, verá que ela pode ser utilizada para correção do valor da parcela pela taxa de variação cambial. A Figura 1.9 mostra o fluxo de caixa montado com as parcelas calculadas:

P_1) $150 \cdot (1 + 0{,}1) = 165$

P_2) $200 \cdot (1 + 0{,}1) \cdot (1 + 0{,}15) = 253$

P_3) $250 \cdot (1 + 0{,}1) \cdot (1 + 0{,}15) \cdot (1 + 0{,}2) = 379{,}5$

Figura 1.9 – Fluxo de caixa considerando rendimentos, em reais

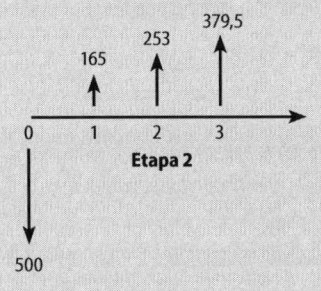

```
              165   253   379,5
               ↑     ↑     ↑
       0   1   2   3
               Etapa 2
       ↓
      500
```

Etapa 3) Fluxo de caixa básico com a variação do dólar e com a taxa de inflação

A taxa de inflação corresponde a uma desvalorização, assim, os valores das prestações devem ser menores, pois queremos saber qual é o **ganho real**. Se analisar as Equações 14 e 15 com cuidado, você verá que elas podem ser utilizadas para correção do valor da parcela pela taxa de variação cambial. A Figura 1.10 mostra o fluxo de caixa montado com as parcelas calculadas.

$$P_1) \frac{165}{(1+0,12)} = 147,32$$

$$P_2) \frac{253}{(1+0,12) \cdot (1+0,17)} = 193,07$$

$$P_3) \frac{379,5}{(1+0,12) \cdot (1+0,17) \cdot (1+0,21)} = 239,34$$

Figura 1.10 – Fluxo de caixa considerando rendimentos e inflação, em reais

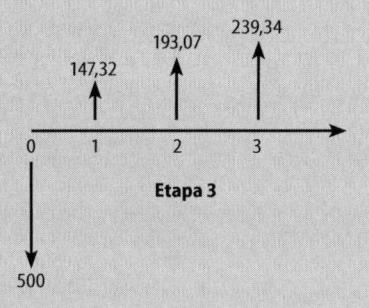

Etapa 3

1.7 Sistemas de amortização de dívidas

Na compra do seu par de sapatos, a qual já foi analisada de várias formas, propôs-se a alternativa de divisão do pagamento em prestações. Todavia, você já parou para se perguntar o que significa cada prestação? Bom, vamos refazer a pergunta: Quanto você está pagando de juros a cada prestação? Quanto você está pagando do próprio par de sapatos? Mais ainda: Você já ouviu falar em *sistema de amortização*?

Vamos começar pelo princípio. Quando você resolveu pagar o par de sapatos em prestações, a loja teve de lhe emprestar dinheiro, certo? Lembre-se de que **tempo é dinheiro**, portanto a loja vai cobrar juros de você, e, assim, você deverá pagar o valor do par de sapatos (capital) e os juros do empréstimo do dinheiro da loja. A forma de devolução do capital e dos juros denomina-se *sistema de amortização*. A amortização propriamente dita é a parte da prestação que corresponde ao pagamento do capital. Existe mais de uma forma de ser feita essa devolução. Estudaremos apenas os dois principais sistemas: o **sistema de prestações constantes (SPC)** e o **sistema de amortização constante (SAC)**.

O SPC também é conhecido por *sistema francês de amortização* ou *sistema Price*[2]. Como o próprio nome diz, sua principal característica é o fato de a **prestação** ser constante. Você deve se lembrar de que a prestação é formada por juros e uma fração do capital. Nesse sistema, as prestações iniciais têm uma fração maior de juros, ao passo que as finais têm uma maior fração do capital.

Para entender como funciona o sistema *Price*, acompanhe o texto com atenção, observando a sequência de cálculos na Tabela 1.1.

Suponha que você tome emprestada uma quantia correspondente ao capital (**C**). No período (**k**) igual a 0 (zero), seu saldo devedor é o próprio capital. Devemos, agora, calcular o valor das prestações, para todos os períodos, indo de **k** = 1 até **k** = **n**. Essas prestações nada mais são do que uma série de valores constantes, como já estudamos. Logo, você pode observar na coluna *Prestação* P_k que o valor é calculado a partir da Equação 5, lembrando que precisamos da taxa de juros (**i**) e do período de tempo (**n**). Agora, precisamos calcular a parte da prestação correspondente aos juros. Esse cálculo é simples, pois os juros nada mais são do que o saldo devedor do período anterior multiplicado pela taxa de juros. Você concorda que conseguimos calcular a amortização simplesmente pela diferença entre o valor da prestação e dos juros? Finalmente, precisamos atualizar o saldo devedor, o qual pode ser obtido

[2]. Criado em 1771 pelo inglês Richard Price (1723-1791), ficou conhecido também como *sistema francês* devido ao seu emprego durante a revolução industrial francesa.

pela diferença entre o saldo devedor do período anterior e a amortização do período atual.

Tabela 1.1 – Sistema *Price* (SPC)

Período k	Prestação P_k	Juros J_k	Amortização A_k	Saldo devedor S_k
0	–	–	–	$S_0 = C$
1	$P_1 = C \cdot \left(\dfrac{i \cdot (1+i)^n}{(1+i)^n - 1} \right)$	$J_1 = i \cdot S_0$	$A_1 = P_1 - J_1$	$S_1 = S_0 - A_1$
2	$P_2 = P_1$	$J_2 = i \cdot S_1$	$A_2 = P_2 - J_2$	$S_2 = S_1 - A_2$
...	...	...	...	...
n – 1	$P_{n-1} = P_{n-2}$	$J_{n-1} = i \cdot S_{n-2}$	$A_{n-1} = P_{n-1} - J_{n-1}$	$S_{n-1} = S_{n-2} - A_{n-1}$
n	$P_n = P_{n-1}$	$J_n = i \cdot S_{n-1}$	$A_n = P_n - J_n$	$S_n = S_{n-1} - A_n = 0$

Estamos prontos para aprender um segundo sistema de amortização, o SAC. Segundo o próprio nome diz, sua principal característica é o fato de a **amortização** ser constante (no sistema anterior a prestação era constante). Vamos montar uma tabela de cálculos para esse sistema também. Durante a leitura do texto, acompanhe a Tabela 1.2.

Novamente, suponha que você tome emprestada uma quantia correspondente ao capital (**C**). Novamente, no período 0 (zero), seu saldo devedor é o próprio capital. Nesse sistema, a amortização é mesma qualquer que seja o período e corresponde ao capital dividido pelo período de tempo (**n**). Uma característica importantíssima é o fato de os juros irem abaixando linearmente com o período de tempo. Na coluna *Juros* J_k, você pode observar como são calculados os juros para cada prestação. Finalmente, precisamos atualizar o saldo devedor, que pode ser obtido pela diferença entre o saldo devedor do período anterior e a amortização, que é a mesma em todos os períodos.

Tabela 1.2 – Sistema de Amortização Constante (SAC)

Período k	Amortização A_k	Juros J_k	Prestação P_k	Saldo devedor S_k
0	–	–	–	$S_0 = C$
1	$A_1 = C/n$	$J_1 = i \cdot C$	$P_1 = A_1 + J_1$	$S_1 = S_0 - A_1$
2	$A_2 = A_1$	$J_2 = J_1 \cdot \left(1 - \left(\dfrac{1}{n}\right)\right)$	$P_2 = A_2 + J_2$	$S_2 = S_1 - A_1$
...	...	...	...	...
n–1	$A_{n-1} = A_{n-2}$	$J_{n-1} = \left(1 - \left(\dfrac{n-2}{n}\right)\right)$	$P_{n-1} = A_{n-1} + J_{n-1}$	$S_{n-1} = A_1$
n	$A_n = A_{n-1}$	$J_n = J_1 \cdot \left(1 - \left(\dfrac{n-1}{n}\right)\right)$	$P_n = A_n + J_n$	$S_n = S_{n-1} - A_1 = 0$

FONTE: Adaptado de Casarotto Filho; Kopittke, 1996, p. 72.

A Figura 1.11 apresenta uma comparação dos valores das prestações nos sistemas SAC e Price. Desse modo, você pode observar claramente que, no SAC, as prestações, apesar de inicialmente serem mais elevadas, vão tendo seu valor reduzido com o passar do tempo. É importante saber que muitos contratos de financiamento apresentam taxas nominais. Nesse caso, existe uma obrigatoriedade de informar o período de capitalização.

Figura 1.11 – Comparação qualitativa dos valores das prestações dos sistemas SAC e Price

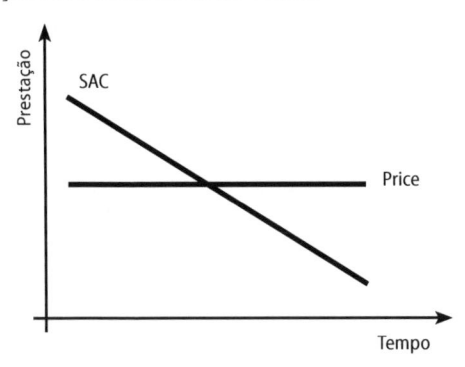

Exemplo 8

Suponha que, na compra do par de sapatos no valor de R$ 500,00, o vendedor ofereceu a você a possibilidade de realizar o pagamento em 5 parcelas, com a taxa de juros efetiva de 5% ao mês. Qual será o valor das prestações caso você escolha o sistema Price? E se você escolher o sistema de amortização constante?

Etapa 1) Identificação das variáveis

A partir dos dados do problema, você pode concluir que: $i = 0,05$; $n = 5$; $C = 500$.

Etapa 2) Cálculo da planilha do sistema Price

Utilizando as fórmulas da Tabela 1.1 referentes ao sistema Price, podemos calcular o valor das prestações, dos juros, da amortização e do saldo devedor, os quais você pode ver na Tabela 1.3. Assim, as prestações são dadas por:

$$P_5 = C \cdot \frac{i \cdot (1+i)^n}{(1+i)^n - 1} = 500 \cdot \frac{0,05 \cdot (1+0,05)^5}{(1+0,05)^5 - 1} = 115,49$$

Tabela 1.3 – Valores pelo sistema Price (SPC)

Período k	Prestação P_k	Juros J_k	Amortização A_k	Saldo devedor S_k
0	–	–	–	$S_0 = 500$
1	$P_1 = 115,49$	$J_1 = 25$	$A_1 = 90,49$	$S_1 = 409,51$
2	$P_2 = 115,49$	$J_2 = 20,48$	$A_2 = 95,01$	$S_2 = 314,50$
3	$P_3 = 115,49$	$J_3 = 15,72$	$A_3 = 99,76$	$S_3 = 214,74$
4	$P_4 = 115,49$	$J_4 = 10,74$	$A_4 = 104,75$	$S_4 = 109,99$
5	$P_5 = 115,49$	$J_5 = 5,49$	$A_5 = 109,99$	$S_5 = 0$
Soma	577,44	77,44	500	–

Etapa 3) Cálculo da planilha do Sistema de Amortização Constante (SAC)

A partir das fórmulas do SAC, podemos calcular o valor da amortização, o qual é igual para todos os períodos. Depois, os valores de juros, prestação e saldo devedor podem ser facilmente preenchidos. Portanto, $A_1 = \frac{C}{n} = \frac{500}{5} = 100$. Assim, a Tabela 1.4 apresenta os valores da amortização, dos juros e da prestação.

Tabela 1.4 – Valores pelo sistema de amortização constante (SAC)

Período k	Prestação P_k	Juros J_k	Amortização A_k	Saldo devedor S_k
0	–	–	–	$S_0 = 500$
1	$A_1 = 100$	$J_1 = 25$	$P_1 = 125$	$S_1 = 400$
2	$A_2 = 100$	$J_2 = 20$	$P_2 = 120$	$S_2 = 300$
3	$A_3 = 100$	$J_3 = 15$	$P_3 = 115$	$S_3 = 200$
4	$A_4 = 100$	$J_4 = 10$	$P_4 = 110$	$S_4 = 100$
5	$A_5 = 100$	$J_5 = 5$	$P_5 = 105$	$S_5 = 0$
Soma	500	75	575	–

> Diferença básica entre SPC e SAC: quantidade de juros a ser paga e valor das prestações.

Conforme comentamos no início, analisamos apenas os dois sistemas mais comumente utilizados. Vale a pena saber que há outros tipos de sistemas de amortização. Entre eles, destacamos o sistema americano de amortização, no qual as prestações correspondem aos juros, sendo que o capital é integralmente devolvido no último período.

Você deve ter percebido que não consideramos, no exercício anterior, a existência de inflação. Vamos refazer a planilha tanto para o sistema de amortização constante como para o sistema Price? Para isso, consideraremos a inflação. O procedimento de cálculos é bem parecido com o caso sem inflação. Independentemente do sistema, a diferença é que, para cada período, os cálculos devem ser refeitos, utilizando a inflação para corrigir o saldo devedor, para só então calcular a amortização e os juros.

Vamos começar pelo sistema Price, que você pode analisar atentamente na Tabela 1.5. Nesse sistema, para levar em conta a inflação, basta corrigir o saldo devedor do período anterior pela inflação do período atual. Veja que o valor base da prestação é o mesmo, dado por **P**, e só é alterado por causa da incidência da inflação.

O valor de P, então, é calculado pela Equação 5.

$$P_n = C \cdot \left[\frac{i \cdot (1+i)^n}{(1+i)^n - 1} \right]$$

Equação 15

Analise atentamente a Tabela 1.6. Observe o formulário para construção da planilha do **sistema de amortização constante com inflação**. Preste bastante atenção, pois o período utilizado nos cálculos da tabela vai sendo reduzido.

Tabela 1.5 – Sistema Price (SPC) com inflação

Período k	Saldo devedor corrigido S_{k-1}^c	Prestação P_k	Juros J_k	Amortização A_k	Saldo Devedor S_k
0	–	–	–	–	$S_0 = C$
1	$S_0^c = S_0 \cdot (1+\phi_1)$	$P_1 = P \cdot (1+\phi_1)$	$J_1 = i \cdot S_0^c$	$A_1 = P_1 - J_1$	$S_1 = S_0^c - A_1$
2	$S_1^c = S_1 \cdot (1+\phi_2)$	$P_2 = P_1 \cdot (1+\phi_2)$	$J_2 = i \cdot S_1^c$	$A_2 = P_2 - J_2$	$S_2 = S_1^c - A_2$
...	...	...	...	...	...
n–1	$S_{n-2}^c = S_{n-2} \cdot (1+\phi_{n-1})$	$P_{n-1} = P_{n-2} \cdot (1+\phi_{n-1})$	$J_{n-1} = i \cdot S_{n-2}^c$	$A_n - 1 = P_{n-1} - J_{n-1}$	$S_{n-1} = S_{n-2}^c - A_{n-1}$
n	$S_{n-1}^c = S_{n-1} \cdot (1+\phi_n)$	$P_n = P_{n-1} \cdot (1+\phi_n)$	$J_n = i \cdot S_{n-1}^c$	$A_n = P_n - J_n$	$S_n = S_{n-1}^c - A_n = 0$

Fonte: Adaptado de Casarotto Filho; Kopittke, 1996, p. 83.

Tabela 1.6 – Sistema de Amortização Constante (SAC) com inflação

Período k	Saldo devedor corrigido S_{k-1}	Amortização A_k	Juros J_k	Prestação P_k	Saldo devedor S_k
0	–	–	–	–	$S_0 = C$
1	$S_0^c = S_0 \cdot (1 + \phi_1)$	$A_1 = \dfrac{S_0^c}{n}$	$J_1 = i \cdot S_0^c$	$P_1 = A_1 + J_1$	$S_1 = S_0^c - A_1$
2	$S_1^c = S_1 \cdot (1 + \phi_2)$	$A_2 = \dfrac{S_1^c}{n-1}$	$J_2 = i \cdot S_1^c$	$P_2 = A_2 + J_2$	$S_2 = S_1^c - A_2$
...	...	...	...	...	...
n-1	$S_{n-2}^c = S_{n-2} \cdot (1 + \phi_{n-1})$	$A_{n-1} = \dfrac{S_{n-2}^c}{2}$	$J_{n-1} = i \cdot S_{n-2}^c$	$P_{n-1} = A_{n-1} + J_{n-1}$	$S_{n-1} = S_{n-2}^c - A_{n-1}$
n	$S_{n-1}^c = S_{n-1} \cdot (1 + \phi_n)$	$A_n = \dfrac{S_{n-1}^c}{1}$	$J_n = i \cdot S_{n-1}^c$	$P_n = A_n + J_n$	$S_n = S_{n-1}^c - A_n = 0$

Síntese

A matemática financeira foi nosso primeiro passo para o aprendizado da engenharia econômica. Conceitos que muitas vezes parecem simples, se não forem bem esclarecidos, podem mascarar a real situação da relação tempo-dinheiro. Entretanto, você já é capaz de diferenciar juros simples, que não agregam seu valor ao capital, de juros compostos, que agregam; e taxa efetiva, cujo período de referência da taxa de juros é igual ao período da capitalização, de taxa nominal, que apresenta períodos diferentes. Você também já está ciente de que, para efeito de cálculo, em geral, é a taxa de juros efetiva que deve ser usada, e que o fluxo de caixa nada mais é que uma ferramenta gráfica para ilustrar as despesas e as receitas e que a correção monetária aparece para corrigir a desvalorização do capital decorrente dos efeitos da inflação. Por fim, você foi apresentado aos sistemas de amortização de dívidas, o que o torna capaz de prever o desenrolar de um financiamento, como juros que foram pagos, valores de prestações e saldo amortizado. Logo, os conceitos anteriormente mencionados são imprescindíveis para o completo entendimento e a aplicação desse assunto.

Questões para revisão

1. Ao entrar em um novo emprego, você decide economizar R$ 1.000,00 por mês e colocá-los na poupança por um ano. Se o investimento na caderneta de poupança rende 7,05% ao ano, qual será o valor obtido ao fim do período?

2. Suponha que, na compra do par de sapatos no valor de R$ 500,00, o vendedor tenha oferecido a você o pagamento do produto em 5 parcelas, com a taxa de juros efetiva de

5% ao mês. No entanto, estão previstas as seguintes taxas de inflação para esse período: 0,5%; 0,7%; 0,9%; 1%; 0,4%. Qual será o valor das prestações, caso você escolha o **sistema Price** e leve em conta a inflação? Qual será o valor das prestações se você escolher o **sistema de amortização constante** com inflação?

3. Ao pensar na melhor forma de investir seu dinheiro, você recebe uma sugestão, dada por um amigo, de uma aplicação de um período de 3 meses, na qual, ao investir o valor único de R$ 3.000,00 a taxa no primeiro mês é de 3%, no segundo é de 2,5% e no terceiro é de 1,3%. Calcule o valor que você terá ao final dessa aplicação e assinale a alternativa que apresenta a resposta correta:

   a) R$ 3.208,42
   b) R$ 5.505,54
   c) R$ 8.004,06
   d) R$ 1.111,11

4. Após uma mudança de emprego, você decide comprar um terno novo para comemorar. Ao chegar à loja, você recebe a seguinte proposta: à vista, o terno custa R$ 800,00. Mas, com as economias para guardar dinheiro na poupança, você decide parcelar a compra em 5 prestações iguais de R$ 180,00. Qual é a taxa de juros cobrada? Marque a resposta correta:

   a) 1,58%
   b) 2,31%
   c) 4,06%
   d) 10,99%

5. Analise as afirmações a seguir e marque (V) para as verdadeiras ou (F) para as faltas:

( ) O sistema Price apresenta sempre prestações maiores do que o SAC.
( ) A inflação leva a uma redução dos ganhos das aplicações.
( ) A taxa de juros efetiva é equivalente à taxa de juros nominal.
( ) R$ 50,00 têm o mesmo valor hoje do que há um mês.
( ) O fluxo de caixa a seguir representa uma série geométrica.

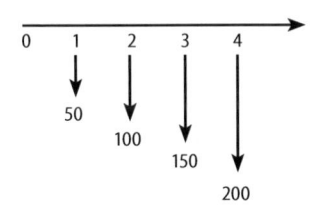

```
0   1   2   3   4
    ↓   ↓   ↓   ↓
    50  100 150 200
```

Assinale a alternativa com a sequência correta obtida:
a) F, F, V, V, F.
b) F, V, V, F, F.
c) V, V, V, F, F.
d) V, F, F, V, V.

Questões para reflexão

1. Você consegue pensar em alternativas para fugir do efeito da inflação? Por exemplo: a aquisição de matéria-prima em grande escala seria uma alternativa?

2. Dependendo do valor do empréstimo e do porte da empresa – um empreendimento de pequeno porte, por exemplo, pode emprestar uma soma razoavelmente elevada –, uma situação comum é que sejam pagos, no início, apenas os juros, para

depois ser iniciada a amortização. Esse período é denominado *carência*. Em que situações vale a pena ser utilizado o período de carência?

Saiba mais

CAIXA. **Financiamento**. Disponível em: <http://www.caixa.gov.br/voce/habitacao/financiamento/Paginas/default.aspx>. Acesso em: 31 ago. 2016.

Para você ver aplicações práticas das diferenças entre as taxas de juros e os sistemas de amortização, consulte os *sites* de alguns bancos, procurando a opção de **simulação de financiamentos**. Indicamos aqui o *site* da Caixa Econômica Federal.

Elementos de contabilidade

2

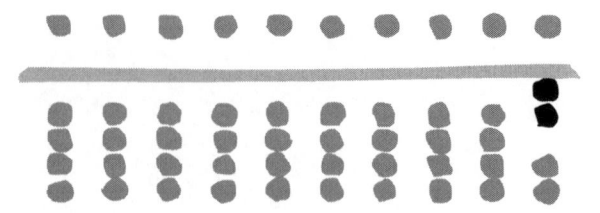

Conteúdos do capítulo:

- Contabilidade básica.
- Demonstrativos financeiros.
- Ativo, Passivo, Patrimônio Líquido.
- Receita, custo, lucro, despesas.
- Capital fixo e capital de giro.
- Análise vertical, análise horizontal e indicadores.

Após o estudo deste capítulo, você será capaz de:

1. elaborar e analisar um Balanço Patrimonial;
2. elaborar e analisar a Demonstração do Resultado do Exercício;
3. avaliar custos e despesas;
4. avaliar as necessidades de capital fixo e capital de giro para investimentos;
5. calcular e analisar diferentes indicadores.

No Capítulo 1, acompanhamos a compra de um par de sapatos sob a ótica da matemática financeira. Analisamos diversos aspectos relacionados à compra, como juros, parcelamentos e inflação. Agora, convidamos você a entrar em outro mundo, que vem antes do da loja de sapatos. Para sermos mais diretos, você já se perguntou como funciona a parte contábil da fábrica de sapatos Asa ou de qualquer outra fábrica? Que tal você ser o contador da Asa?

Vamos começar pelo início. Qualquer empresa necessita da figura de um contador para fazer o registro de transações financeiras, bem como de suas posses. Esse registro deve ser feito em um intervalo de tempo denominado *exercício*, o qual, em geral, equivale a um ano. A legislação brasileira que tratava desse registro é a Lei das Sociedades Anônimas – Lei n. 6.404, de 15 de dezembro de 1976 (Brasil, 1976). Em 28 de dezembro de 2007, foi publicada a Lei n. 11.638, de 28 de dezembro de

2007 (Brasil, 2007), que promoveu alterações na legislação das sociedades anônimas. De acordo com essa lei, as empresas de capital aberto precisam apresentar a sua realidade financeira e seus patrimônios por meio dos seguintes relatórios:

1. Balanço Patrimonial (BP);
2. Demonstração do Resultado do Exercício (DRE);
3. Demonstração de Lucros e Prejuízos Acumulados ou Demonstração das Mutações do Patrimônio Líquido (DMPL);
4. Demonstração dos Fluxos de Caixa (DFC);
5. Demonstração do Valor Adicionado (DVA).

Além disso, podem ser incluídos relatórios de empresas de auditoria independentes, bem como notas explicativas (Morante, 2009).

Neste livro, nosso foco será voltado para os três primeiros itens. Você deve estar se perguntando qual é a importância disso. Bom, esses relatórios permitem a elaboração de um panorama do lucro que o processo de produção de sapatos pode proporcionar. Quais são os custos da produção? Quanto de imposto está sendo pago? De posse dessas informações, é possível montar o fluxo de caixa e fazer a análise de um projeto financeiro e a tomada de decisões focando o aumento do lucro da fábrica ou a expansão da produção. Se você estiver curioso, dê uma olhada no Capítulo 5, "Financiamentos e investimentos".

2.1 Balanço Patrimonial (BP)

Começaremos respondendo à seguinte questão: Qual é a situação financeira da fábrica de sapatos Asa? Mais especificamente, o que a fábrica tem como propriedade? O que a fábrica tem, mas que não é de sua propriedade? Essas duas perguntas serão respondidas com mais detalhes pelo Balanço Patrimonial (BP).

1. Para consultar a Lei n. 6.404/1976 na íntegra, acesse: <http://www.planalto.gov.br/ccivil_03/Leis/L6404consol.htm>.

Em linhas gerais, esse relatório informa o patrimônio da fábrica Asa, ou seja, o conjunto de bens, direitos e obrigações que ela possui para atingir seus objetivos empresariais e comerciais. Além disso, identifica a posição financeira da empresa. Você deve ficar atento ao fato de que o balanço patrimonial é uma espécie de fotografia das finanças da Asa. Pode ser que um dia após sua publicação o patrimônio seja alterado em função de lucros ou prejuízos, alterando o cenário. O BP resume-se a dois componentes: Ativo e Passivo, os quais veremos com detalhes a seguir.

2.1.1 Ativo

Objetivamente falando, o Ativo abarca todo bem e direito de propriedade da empresa. Por *bem* você deve entender que estamos tratando de algo físico, como uma máquina, um terreno, um equipamento. Por *direito* estamos considerando o que é da empresa, mas que está em posse de outros, como uma aplicação financeira ou uma dívida a receber. Segundo Lucentini (2007), para que seja considerado ativo, é necessário que o bem ou direito satisfaça às seguintes propriedades:

- ser de posse da empresa, ou seja, é necessário que exista algum documento comprovando a aquisição;
- ser monetariamente mensurável, ou seja, deve possuir um valor em moeda para que possa ser contabilizado;
- trazer benefícios presentes ou futuros, como um equipamento em atividade, um veículo em condições de uso.

Para melhor análise do BP, o ativo deve ser dividido em duas categorias, a saber:

1. **Ativo Circulante** – Representa itens que são dinheiro (moeda) ou que serão transformados em moeda rapidamente (em menos de 1 ano), como estoques de matéria-prima, produtos acabados, produtos semiacabados, valores a receber, valores em caixa, valores depositados,

despesas antecipadas, aluguéis a receber. No entanto, devem ser descontados os valores referentes ao recebimento de clientes duvidosos, ou seja, aqueles que porventura podem não honrar seus compromissos.

2. **Ativo não Circulante** – Considera itens destinados ao funcionamento da empresa e contempla itens que serão transformados em moeda em um período extenso de tempo, acima de um ano (longo prazo). É dividido em três categorias:

- **Realizável a Longo Prazo** – São as contas cuja realização ocorrerá em exercício posterior ao atual, como depósitos judiciais.

- **Investimento** – Considera investimentos de caráter permanente que são feitos e não necessários ao funcionamento do processo produtivo, como, por exemplo, investimentos em outras empresas, obras de arte, terrenos e imóveis para utilização futura.

- **Imobilizado** – São os direitos sobre bens utilizados para a manutenção das atividades da empresa que tenham caráter tangível, como equipamentos, veículos, instalações, terrenos, entre outros. No entanto, nessa categoria deve ser subtraído o valor da depreciação acumulada (veja a Seção 2.2.4 – "Depreciação" – deste capítulo para mais detalhes sobre o assunto).

- **Intangível** – Representa aplicações que beneficiarão resultados futuros da empresa, que apresentam caráter intangível, como o próprio nome já diz. São exemplos: despesas com investimento em pesquisa de novos produtos, despesas com campanhas de marketing, implantação de métodos organizacionais, marcas e patentes, softwares, entre outros.

Já que estamos conversando sobre o patrimônio da empresa, o que você sabe sobre marcas e patentes? Como podem ser classificadas e consideradas no BP? São consideradas ativos permanentes tipo **investimento**, mas não são registradas no BP, pois não podem ser convertidas em moeda, ou seja, não são monetariamente mensuráveis.

2.1.2 Passivo e Patrimônio Líquido

Este grupo representa todas as obrigações que a empresa possui. Se estas são relacionadas a terceiros, então são denominadas de passivo. Atualmente, o passivo pode ser divido em três categorias: 1) Passivo Circulante, 2) Passivo não Circulante e 3) Patrimônio Líquido:

- **Passivo Circulante** – Itens a pagar rapidamente (até um ano da data do balanço), como salários, encargos sociais, impostos, taxas, contribuições, fornecedores, empréstimos de curto prazo.

- **Passivo não Circulante** – Itens a pagar em prazo maior (acima de um ano da data do balanço); por exemplo, um empréstimo bancário com 5 prestações anuais terá a sua primeira como Passivo Circulante e as demais como Passivo Exigível a Longo Prazo.

- **Patrimônio Líquido** – Caso as obrigações sejam relacionadas aos proprietários da empresa, são denominadas Patrimônio Líquido, o qual pode ser dividido em seis categorias:

  1. **Capital Social** – Consiste em dinheiro aplicado na empresa pelos proprietários.

  2. **Reserva de Capital** – É utilizada, por exemplo, para incorporação ao capital social, absorção de prejuízos, reembolso, resgate ou compra de ações etc.

  3. **Ajustes de Avaliação Patrimonial** – É utilizada quando o valor de ativos ou passivos é revisto, ou seja, reavaliado, em função de possíveis diferenças de valores do mercado;

4. **Ações em Tesouraria** – Trata do caso, por exemplo, em que a empresa vendeu ações e posteriormente as readquiriu, nos casos permitidos pela Lei n. 6.404/1976.

5. **Reserva de Lucros** – Originada dos lucros obtidos (que são calculados pela Demonstração do Resultado do Exercício – DRE), sendo destinada a proteções contra contingências futuras como doações ou garantia do capital de giro. Essa categoria pode ser subdividida nos seguintes itens:

   a. Reserva de Lucros Legal, que consiste de 5% do lucro líquido do exercício e tem por finalidade dar proteção ao credor;

   b. Reserva de Lucros Estatutária, definida pelo estatuto da empresa, focando a utilização de partes dos lucros para uma ação predefinida;

   c. Reserva de Lucros para Contingências, que corresponde a uma parcela utilizada para possíveis situações emergenciais;

   d. Reserva de Lucros a Realizar, que se refere a lucros que ainda não foram realizados financeiramente, apenas contabilmente, como, por exemplo, o lucro decorrente de vendas a prazo;

   e. Reserva de Lucros para Expansão, que deverá ser usada na própria empresa para aumento de capacidade e melhora de tecnologia.

6. **Prejuízos Acumulados** – Correspondem aos resultados acumulados, podendo ser de lucro ou prejuízo, representando a interligação com a DRE, que é feita por meio da demonstração de mutação de patrimônio líquido. Para o caso de sociedade por ações, essa conta não deve apresentar saldo positivo, já que o lucro deverá ser absorvido pelas reservas, conforme determinado pela administração da empresa.

Dessa forma, você deve sempre lembrar que o BP só é válido quando a seguinte equação for satisfeita.

> Ativo = Passivo + Patrimônio Líquido

Vamos montar um BP?

Exemplo 1

No fim do ano fiscal corrente, a empresa Asa, que fabrica sapatos, possui os bens e as obrigações listados a seguir, dados em milhares de reais. Esses valores foram apresentados pelo setor contábil da Asa, com base nos relatórios de produção e relatórios financeiros disponíveis. Vamos montar o BP para os dois anos.

Tabela 2.1 – Bens e obrigações da Asa, em milhares de reais

Bens	Ano 1	Ano 2
Veículos	200	200
Equipamentos	1.300	1.350
Dinheiro em Caixa	100	160
Ações de Outras Empresas	50	60
Estoque de Matéria-Prima	160	125
Estoque de Produtos	200	125
Valores a Receber	120	40
A Receber de Clientes Duvidosos	10	0
Depósito Judicial	12	0
Terrenos	150	150
Desenvolvimento de Novo Solado	50	20
Depreciação Acumulada	100	110
Obrigações	**Ano 1**	**Ano 2**
Salários e Encargos	155	168
Pagamentos a Fornecedores	705	475
Financiamentos de Curto Prazo	90	90
Financiamentos de Longo Prazo	360	270
Impostos	212	225

(continua)

(Tabela 2.1 – conclusão)

Reservas para Contingências	150	190
Reservas Estatuárias	100	150
Reservas de Capital	50	80
Capital Integralizado pelos Acionistas	200	200
Lucros Acumulados	210	272

Etapa 1) Balanço do Ativo

O primeiro passo corresponde à obtenção do balanço dos ativos da Asa. Assim, precisamos relembrar quais são os tipos de ativos e os componentes. Para isso, basta você olhar a Seção 2.1, "Balanço Patrimonial". Dessa forma, por análise e comparação, você pode montar a Tabela 2.2:

Tabela 2.2 – Demonstrativo do ativo Asa, em milhares de reais[2]

Descrição	Ano 1	Ano 2
ATIVO	2.232	2.120
Circulante	570	450
Dinheiro em Caixa	100	160
Valores a Receber	120	40
A Receber de Clientes Duvidosos	(10)	0
Estoque de Matéria-Prima	160	125
Estoque de Produtos	200	125
Não Circulante	1.662	1.670
Realizável a Longo Prazo	12	0
Depósito Judicial	12	0
Imobilizado	1.550	1.590
Veículos	200	200
Equipamentos	1.300	1.350
Terrenos	150	150
Depreciação Acumulada	(100)	(110)
Investimento	50	60
Ações de Outras Empresas	50	60
Intangível	50	20
Pesquisa de Novo Solado	50	20

2. Os valores entre parênteses representam débitos.

Etapa 2) Balanço do Passivo

Agora, devemos consultar novamente a Seção 2.1, "Balanço Patrimonial", e fazer a mesma análise, montando a Tabela 2.3.

Tabela 2.3 – Demonstrativo do passivo da Asa, em milhares de reais

Descrição	Ano 1	Ano 2
PASSIVO	2.232	2.120
Circulante	1.162	958
Salários e Encargos	155	168
Pagamentos a Fornecedores	705	475
Impostos	212	225
Financiamento	90	90
Não Circulante	360	270
Financiamento	360	270
Patrimônio Líquido	710	892
Capital Social	200	200
Reserva de Lucros	300	420
Contingências	150	190
Capital	50	80
Estatutárias	100	150
Reserva de Capital	50	80
Prejuízos Acumulados	210	272

Etapa 3) Balanço Patrimonial

Antes de continuarmos com a solução, é importante notar que a equação contábil é satisfeita, pois ativo = passivo + patrimônio líquido. Agora, podemos apresentar o BP de forma resumida, como indicado na Tabela 2.3.

Tabela 2.4 – Balanço patrimonial resumido da Asa, em milhares de reais

Descrição	Ano 1	Ano 2	Descrição	Ano 1	Ano 2
ATIVO	2.232	2.120	PASSIVO	2.232	2.120
Circulante	570	450	Circulante	1.162	958

(continua)

(Tabela 2.4 – conclusão)

Descrição	Ano 1	Ano 2	Descrição	Ano 1	Ano 2
Não Circulante	1.662	1.670	Não Circulante	360	270
Realizável a Longo Prazo	12	0	Patrimônio Líquido	710	892
Imobilizado	1.550	1.590	Capital Social	200	200
Investimento	50	60	Reserva de Lucros	250	340
Intangível	50	20	Contingências	150	190
			Estatutárias	100	150
			Reserva de Capital	50	80
			Prejuízos Acumulados	210	272

2.2 Demonstração do Resultado do Exercício

Agora que você já sabe o que é e como montar um BP, há mais uma pergunta a ser respondida: Como calcular o lucro? Para responder a essa questão, precisamos obter a DRE, a qual vamos analisar com detalhes, começando pelo Quadro 2.1, feito com base na Lei n. 6.404/1976.

Quadro 2.1 – Componentes da DRE

(+) Receita Bruta
(–) Deduções
(+) Receita Líquida
(–) Custos Diretos de Produção
(–) Custos Indiretos de Produção
(+) Lucro Bruto
(–) Despesas Operacionais
(–) Depreciação
(+/–) Lucro Antes dos Juros ou Resultado Operacional
(–) Despesas Financeiras
(+/–) Lucro Antes do Imposto de Renda ou Resultado do Exercício
(–) Imposto de Renda (IR)
(+/–) Lucro Após o IR ou Lucro Líquido

2.2.1 Receitas e deduções

De uma forma genérica, a receita se refere à entrada de capital decorrente da venda dos produtos ou serviços. Mais especificamente, a receita bruta refere-se ao valor das mercadorias vendidas, conforme apresentado na nota fiscal. Do valor da receita bruta devem ser feitas as deduções, que são divididas em duas categorias:

1. Abatimentos, devoluções, descontos indicados na nota fiscal, vendas canceladas.
2. Impostos sobre vendas, de natureza federal, estadual ou municipal:
    - Imposto sobre Produtos Industrializados (IPI) – federal.
    - Imposto sobre Circulação de Mercadorias e Prestação de Serviços (ICMS) – estadual.
    - Imposto sobre Serviços de Qualquer Natureza (ISS) – municipal.
    - Programa de Integração Social (PIS) – federal.
    - Contribuição para o Financiamento da Seguridade Social (Cofins) – federal.

> **Receita Líquida = Receita Bruta − Deduções**

2.2.2 Custos

De uma forma genérica, você pode considerar que os custos representam gastos feitos para a produção do bem ou serviço. Conforme Martins (2008), os custos podem ser classificados de diversas formas, sendo a mais importante dada em **custos diretos** e **custos indiretos**.

2.2.2.1 Custos Diretos de Produção

Essa categoria representa os custos envolvidos diretamente no processo produtivo. Vejamos, a seguir, alguns dos principais custos, bem como os itens que os formam, de acordo com Ulrich (1984):

- **Matéria-prima** – Custo da matéria-prima em si; transporte e seguro; análises de qualidade no recebimento; obsolescência; perda de validade.

- **Mão de obra direta** – Salários de operários, técnicos, engenheiros, do pessoal diretamente ligado ao processo produtivo. Deve ser analisado o número de horas trabalhadas, bem como a quantidade de turnos, os encargos sociais e trabalhistas.

- **Patentes e *royalties*** – Custo pelo uso de patentes ou tecnologias licenciadas.

- **Manutenção e reparos** – Custos de mão de obra especializada; peças de reposição.

- **Utilidades** – Combustível (óleo, gás, carvão, lenha); ar comprimido; eletricidade; vapor de aquecimento; água para o processo; fluidos de refrigeração, como água e amônia; gás inerte.

- **Controle de qualidade** – Custos envolvidos na manutenção e operação de um laboratório de análises, por exemplo, reagentes, técnicos.

- **Tratamento de efluentes** – Custos envolvidos no tratamento dos resíduos gerados pelo processo produtivo, para que seja feito o descarte adequado.

- **Catalisadores** – Custo da compra de catalisadores usados para reações químicas de transformação da matéria-prima.

- **Outros** – Lubrificantes; equipamentos de proteção individual.

Em relação a alguns dos itens apresentados, como matéria-prima, é comum ser apresentado um mini-inventário, contendo estoque inicial, compras e estoque final.

2.2.2.2 Custos Indiretos de Produção

Diferentemente da seção anterior, agora você poderá analisar os custos que não estão envolvidos diretamente no processo produtivo. Como fizemos antes, vamos apresentar alguns dos principais custos, bem como os itens que formam cada um deles:

- **Mão de obra indireta** – Custos de mão de obra não diretamente ligada à produção, como pessoal de limpeza da planta, da supervisão da produção, almoxarifados.
- **Armazenamento** – Custo para armazenamento de matéria-prima, produtos acabados.
- **Aluguéis** – Custo pelo uso de terrenos alugados, seja para a produção, seja para a estocagem.

Lucro Bruto =
= Receita Líquida – Custos Diretos – Custos Indiretos

2.2.3 Despesas Operacionais

A despesa operacional consiste em um bem ou serviço que é consumido direta ou indiretamente para obter a receita da empresa, não estando relacionado com a produção propriamente dita, isto é, ocorrendo após a fabricação. Igualmente aos custos, alguns itens são considerados fixos, ao passo que outros podem ser variáveis. Meio complicado? Então vamos ver alguns tipos de despesas. Começaremos por algumas despesas fixas, que não dependem da quantidade do produto:

- **Administrativas** – Despesas relacionadas aos salários e encargos de diretores, pessoal de escritório, bem como despesas telefone e material de escritório em geral.

- **Impostos** – Impostos não relacionados às vendas, mas que são pertencentes ao município, como o Imposto Predial e Territorial Urbano (IPTU), ou ao estado, como o Imposto sobre a Propriedade de Veículos Automotores (IPVA).
- **Seguros** – Despesas com seguros para proteção dos equipamentos e estoques contra possíveis perdas.
- **Vendas** – Despesas com comissão de vendedores, distribuição e *marketing*.

2.2.4 Depreciação

Também considerada uma despesa, a depreciação equivale à perda de valor de determinado bem, seja por deterioração ou obsolescência. A depreciação não representa um desembolso, mas, como é considerada uma despesa, pode ser abatida da receita líquida, o que reduz o lucro antes do cálculo da alíquota do imposto de renda e, consequentemente, o próprio imposto de renda a ser pago.

Como calcular essa perda de valor? Vamos lá: a maneira mais comum de se fazer esse cálculo é considerar a perda de valor linear, ou seja, a cada ano é descontado o mesmo percentual sobre o valor de compra. Outra forma é a depreciação exponencial, na qual as maiores perdas são consideradas no início da vida útil do bem. Está faltando a pergunta que não quer calar: se eu sei quanto descontar, por quanto tempo poderei considerar essa despesa na DRE? A resposta correta é: depende. Depende do tipo de equipamento e do valor residual considerado. Por exemplo: prédios têm como período máximo 25 anos de depreciação; equipamentos, 10 anos; veículos, 5 anos.

> **Lucro Antes dos Juros ou Resultado Operacional =**
> **= Lucro Bruto – Despesas Operacionais – Depreciação**

2.2.5 Despesas financeiras

Existem algumas despesas que não têm relação com o processo produtivo, sendo denominadas *despesas financeiras*. Alguns exemplos são a venda de algum ativo da empresa, os juros de financiamentos, entre outros.

> Lucro Antes do Imposto de Renda ou Resultado do Exercício = Lucro Antes dos Juros ou Resultado Operacional – Despesas Financeiras

2.2.6 Imposto de Renda (IR)

Esse imposto corresponde a uma taxação sobre os lucros das empresas, mais especificamente sobre o resultado do exercício. Sobre o IR existem alíquotas de 30% a 50%. Não podemos nos esquecer de que o IR é pago no período, ou exercício, seguinte à realização dos lucros.

> Lucro Após o Imposto de Renda = Lucro Antes do Imposto de Renda ou Resultado do Exercício – Imposto de Renda

Chega de definições e mãos à obra. Vamos analisar uma demonstração de resultados do exercício? Então, considere com atenção a DRE da fábrica Asa, que é apresentada na Tabela 2.5.

Tabela 2.5 – DRE da Asa, em milhares de reais[3]

Receita Bruta		500	761,40
Deduções		(150)	(145)
Abatimentos e Devoluções		(20)	(5)
Impostos		(130)	(140)
Receita Líquida		350	616,40
Custos Diretos de Produção		(151)	(149)
Matéria-Prima	(40)	(40)	
Estoque Inicial	80	160	

(continua)

(Tabela 2.5 – conclusão)

Compras	120	5
Estoque Final	(160)	(125)
Mão de Obra Direta	(70)	(75)
Manutenção e Reparos	(3)	(1)
Utilidades	(10)	(10)
Controle de Qualidade	(5)	(5)
Tratamento de Efluentes	(20)	(16)
Outros	(3)	(2)
Custos Indiretos de Produção	**(20)**	**(19)**
Mão de Obra Indireta	(10)	(11)
Aluguéis	(10)	(8)
Lucro Bruto	**179**	**448,40**
Despesas Operacionais	**(100)**	**(85)**
Administrativas	(40)	(40)
Impostos	(30)	(28)
Seguros	(15)	(12)
Vendas	(15)	(5)
Depreciação	**(10)**	**(12)**
Lucro Antes dos Juros ou Resultado Operacional	69	351,40
Despesas Financeiras	**(15)**	**(20)**
Juros	(15)	(20)
Lucro Antes do IR ou Resultado do Exercício	54	331,40
IR (Alíquota 30%)	(16,20)	(99,40)
Lucro Após o IR (Lucro Líquido)	**37,80**	**232**

A partir da DRE aqui mostrada, você pode observar que o lucro da Asa aumentou e o motivo desse aumento pode ser extraído da própria DRE. Observe que ocorreu um aumento no valor das mercadorias vendidas, já que, de um exercício para o outro, aumentou o valor da receita bruta e os custos praticamente se mantiveram constantes. As despesas operacionais diminuíram e o aumento das despesas financeiras não teve grande impacto no resultado final.

3. Os valores entre parênteses representam débitos.

2.3 Demonstração das Mutações do Patrimônio Líquido

Vamos nos lembrar do início deste capítulo. A legislação brasileira exige alguns relatórios demonstrativos, dos quais já vimos com detalhes dois deles (BP e DRE). Vamos analisar, também, daqueles demonstrativos citados, a Demonstração de Mutação de Patrimônio Líquido (DMPL).

A importância dessa demonstração está no fato de ela ser o elo entre a DRE e o BP, tendo em vista que o lucro líquido do exercício que é obtido pela DRE pode ser (e geralmente é) diferente dos lucros acumulados apresentados no patrimônio líquido. Você deve sempre considerar o lucro líquido relatado pela DRE em conjunto com o saldo acumulado do exercício anterior. Assim, se você fosse sócio da Asa, não gostaria de saber como foram as distribuições do patrimônio líquido? Complexo? Não se preocupe, na DMPL são relatadas as decisões sobre o lucro do exercício e o lucro acumulado. Devemos nos lembrar de que essas decisões são integrantes do estatuto da empresa ou são feitas em assembleias com os acionistas. São decisões de suma importância para com os lucros da empresa, como distribuição aos sócios, integralização de uma parte ao capital da empresa, ou seja, ao ativo, ou manutenção do patrimônio líquido.

Está na hora de analisarmos uma DMPL. Nessa demonstração, há a integração entre o BP e a DRE. Veja a Tabela 2.6 a seguir, na qual os valores são dados em milhares de reais. Nas colunas devem constar os itens do patrimônio líquido, ao passo que nas linhas devem constar os itens para os quais foi feita a transferência, sejam do patrimônio líquido, sejam do ativo. Inicialmente, devemos considerar o lucro líquido apurado na DRE junto com lucros acumulados no exercício anterior. Se uma transferência se dá entre itens do patrimônio líquido, o valor deve ser somado ao item e descontado do lucro acumulado, pois não deve haver variação do patrimônio líquido. Você pode ver essa ação na transferência de R$ 30 mil dos lucros acumulados para reserva de capital. Por outro lado, se a transferência é para algum item do ativo, o valor deve ser somente descontado dos lucros acumulados, pois houve uma redução do patrimônio líquido para melhora do ativo. Assim, a última linha da tabela a seguir está no patrimônio líquido do BP (volte e confira).

Tabela 2.6 – DMPL, em milhares de reais

	Capital integralizado	Reserva de capital	Reserva para contingências	Reservas estatuárias	Prejuízos acumulados	Total
Saldo Ano 1	200	50	150	100	210	710
Lucro líquido Ano 2					232	232
Transferência de lucros para reserva de capital		+30			–30	0
Transferência de lucros para reserva de contingências			+40		–40	0
Transferência de lucros para reservas estatutárias				+50	–50	0
Transferência de lucros para ativo circulante dinheiro em caixa					–50	–50
Saldo Ano 2	200	80	190	150	272	892

2.4 Demonstração do Fluxo de Caixa

Essa demonstração contábil é de extrema importância por apresentar a movimentação do caixa da empresa em determinado período de tempo. A Demonstração do Fluxo de Caixa (DFC), passou a ser obrigatória no Brasil, além de ser recomendada por organismos contábeis internacionais como o International

Accounting Standards Commitee (Iasc). Esse demonstrativo possui algumas categorias, dadas por atividades operacionais, atividades de investimento, atividades de financiamento, transações de investimento e financiamento sem efeito no caixa.

Conforme previsto na Lei n. 11.638/2007 (Brasil, 2007), quando se trata de companhia fechada cujo patrimônio líquido seja inferior a R$ 2.000.000,00 (dois milhões de reais) na data do balanço, não é obrigatória a elaboração e publicação da DFC.

Embora seja um relatório muito importante sob o ponto de vista financeiro e de gestão, não é o foco de estudo deste capítulo.

2.5 Demonstração do Valor Adicionado

A Demonstração do Valor Adicionado (DVA) tem como finalidade apresentar a riqueza gerada pela empresa e explicitar como foi a sua distribuição, entre empregados, financiadores, acionistas etc., além de demonstrar os valores que não foram distribuídos.

Dessa forma, o que deve ficar claro a você é que o lucro líquido da DRE não é o componente final do fluxo de caixa da empresa em um dado período. Para obter o caixa disponível, você deve considerar a depreciação, que, embora seja classificada como uma despesa, não representa um desembolso efetivamente. Além disso, é preciso considerar as amortizações de financiamentos (se você estiver curioso, dê uma olhada no Capítulo 4 para ver a análise econômico-financeira de projetos de investimento). Portanto, na construção do fluxo de caixa do investimento, assunto que será tratado mais adiante, será utilizada a DRE por permitir uma visualização financeira da empresa e permitir também uma análise do investimento que se está estudando.

2.6 Capital

Até agora, supomos que a fábrica Asa está em operação há alguns anos. Mas somente o espírito empreendedor não foi suficiente para que a fábrica entrasse em operação. Você concorda que alguém precisou fazer um investimento inicial, não? É muito importante que você tenha uma boa noção sobre esse fator. Então, vamos começar pelo capital fixo e, em seguida, consideraremos o capital de giro.

2.6.1 Capital fixo

O investimento em capital fixo corresponde ao capital necessário para a instalação dos equipamentos principais e auxiliares para que o processo de produção entre em funcionamento. Você é capaz de citar alguns itens que fazem parte do capital fixo? Aí vão alguns deles:

- **Equipamentos** – Equipamentos para montagem do processo, como reatores, sistemas de separação e de mistura e transportadores. Além do equipamento em si, devem ser considerados transporte, partes de reposição, manutenção, entre outros elementos.

- **Instalação dos equipamentos** – Instalação dos equipamentos na planta industrial, considerando também a pintura, o isolamento térmico e os suportes estruturais.

- **Instrumentação e controle** – Compra, instalação e operacionalização dos sistemas de medição, controle e automação da planta industrial.

- **Tubulações** – Compra e instalação da tubulação industrial, bem como de acessórios (luvas, conexões e outros) e isolamento térmico.

- **Eletricidade** – Compra e instalação de todo material elétrico, como fiação, motores, chaves, entre outros.

- **Obras civis** – Prédios que vão abrigar os equipamentos, prédios auxiliares para estocagem de matéria-prima e produtos, almoxarifados, prédios administrativos.

- **Obras paisagísticas** – Serviços de jardinagem e paisagismo da planta, bem como estacionamentos e pátios.

- **Utilidades** – Equipamentos utilizados para geração de vapor, fluido de refrigeração, ar comprimido.

- **Tratamento de efluentes** – Instalação e operacionalização do sistema de tratamento de resíduos do processo.

- **Distribuição e embalagem** – Equipamentos usados para o manuseio e a embalagem dos produtos finais.

- **Outros equipamentos** – São equipamentos não utilizados no processo, como equipamentos de laboratório, mobília de escritório.

- **Terrenos** – Aquisição e serviços no terreno no qual será instalada a planta industrial.

Podemos, agora, considerar o capital fixo indireto, que não está diretamente ligado ao processo, mas é de extrema importância para que você saiba calcular o investimento inicial em capital fixo. Como exemplos de capital fixo indireto temos os custos envolvidos na instalação da planta, como custos de engenharia e supervisão, construção de obras preliminares que serão usadas durante a instalação da fábrica, dinheiro para contingências que podem ocorrer durante a instalação da fábrica.

2.6.2 Capital de giro

Você sabe quais são os investimentos em capital fixo no processo, ou seja, o que você precisa para colocar a fábrica em pé e funcionando. Mas você também deve concordar que a fábrica não trabalhará sozinha, que é preciso capital de giro à disposição.

Esse capital é responsável por fazer a fábrica funcionar e compreende os seguintes itens:

- estoque de matéria-prima;
- estoque de produtos acabados e semiacabados;
- contas a receber;
- dinheiro utilizado para pagar operações, salários, compras.

Em geral, o capital de giro deve ser suficiente para que o processo consiga funcionar em torno de 30 dias sem que sejam feitas vendas. No entanto, esse prazo pode ser diferente conforme o ramo de atividade da empresa. Tudo bem, mas quanto deve ser o capital de giro disponível na partida do processo? A resposta é bastante ampla, mas, em geral, algo em torno de 10% a 20% do capital fixo. Mas, se a fábrica for de algum produto sazonal, como no caso do sorvete, o capital de giro deve ser maior.

2.7 Análise das demonstrações

Ótima notícia: aprendemos como montar demonstrações contábeis. No entanto, para que as utilizamos? Bom, em primeiro lugar, para a transparência dos negócios. A partir do BP, podemos ter uma noção da saúde financeira da empresa. A partir da DRE, podemos analisar os custos e as despesas para que seja possível aumentar os lucros. Com base na DMPL, podemos analisar para onde foi o lucro. Em segundo lugar, as demonstrações são um ótimo ponto de partida para a tomada de decisões por parte de investidores. Todavia, precisamos trabalhar com números que resumem as diversas demonstrações. Isso pode ser feito de duas formas: pela análise vertical e pela análise horizontal ou por meio de indicadores.

2.7.1 Análise vertical e análise horizontal

Esses dois tipos de análises são importantes para a avaliação do BP e da DRE. A análise vertical faz a comparação dos itens considerando um mesmo exercício, sendo comparados à receita líquida quando feita na DRE, e ao ativo ou ao passivo quando feito no BP, ao passo que a análise horizontal compara um mesmo item, mas de exercícios distintos.

Nas Tabelas 2.7 e 2.8, apresentadas a seguir, observamos as análises vertical e horizontal do ativo e do passivo feitas no BP, respectivamente. Você pode observar que, na análise vertical, estamos calculando a porcentagem de cada item do ativo em relação ao total. Na análise horizontal, estamos comparando os valores do Ano 2 aos valores do Ano 1.

Tabela 2.7 – Análises vertical e horizontal do ativo, em milhares de reais

Descrição	Ano 1	Análise vertical (%)	Ano 2	Análise vertical (%)	Análise horizontal (%)
Ativo	2.232	100	2.120	100	100 · (2.120/2.232) − 100 = −5
Circulante	570	100 · (570/2.232) = 25,5	450	100 · (450/2.120) = 21,2	100 · (450/570) − 100 = −21,1
Não Circulante	1.662	100 · (1.662/2.232) = 74,5	1.670	100 · (1.670/2.120) = 78,8	100 · (1.670/1.662) − 100 = 0,5
Realizável a Longo Prazo	12	100 · (12/2.232) = 0,5	0	0	100 · (0/12) − 100 = −100
Imobilizado	1.550	100 · (1.550/2.232) = 69,5	1.590	100 · (1.590/2.120) = 75,0	100 · (1.590/1.550) − 100 = 2,6
Investimento	50	100 · (50/2.232) = 2,2	60	100 · (60/2.120) = 2,8	100 · (60/50) − 100 = 20
Intangível	50	100 · (50/2.232) = 2,2	20	100 · (20/2.120) = 1,0	100 · (20/50) − 100 = −60

Tabela 2.8 – Análises vertical e horizontal do passivo

Descrição	Ano 1	Análise vertical (%)	Ano 2	Análise vertical (%)	Análise horizontal (%)
Passivo	2.232	100	2.120	100	−5
Circulante	1.162	52,1	958	45,2	−17,6
Não Circulante	360	16,1	270	12,7	−25
Patrimônio Líquido	710	31,8	892	42,1	+25,6
Capital Social	200	8,9	200	9,4	0
Reserva de Lucros	250	11,2	340	16,0	+36
Contingências	150	6,7	190	8,9	+26,7
Estatutárias	100	4,5	150	7,1	+50
Reservas de Capital	50	2,3	80	3,8	+60
Prejuízos Acumulados	210	9,4	272	12,8	+29,5

O que você conclui dessas análises? O percentual de ativos circulantes é baixo, o que deve refletir em uma baixa liquidez. Além disso, você pode notar um aumento do patrimônio líquido devido ao excelente resultado informado na DRE do Ano 2. Quais outras conclusões você pode tirar?

2.7.2 Indicadores

As análises horizontal e vertical são importantes, mas podem ser de difícil interpretação ou podem levar a perguntas do tipo: Será que a Asa é uma empresa rentável? Ou será que está endividada? Para facilitar essa análise, existem diversas classes de indicadores, os quais serão apresentados nas próximas seções.

2.7.2.1 Indicadores de liquidez

Antes de começarmos, é fundamental definirmos *liquidez*. Esse termo representa a facilidade e a rapidez com que se pode converter um bem em dinheiro. Logo, a importância desses indicadores está no fato de medirem a capacidade de que a empresa dispõe em garantir e pagar os compromissos assumidos. Os principais índices são apresentados no Quadro 2.2 e, quanto maior for o valor, melhor a situação da empresa, sendo o valor 1 o menor valor que deixa a empresa em boa condição de liquidez.

Quadro 2.2 – Indicadores de liquidez

Liquidez geral Capacidade da empresa de pagar dívidas de curto e longo prazo	Ativo Circulante + Realizável a Longo Prazo Passivo Circulante + Passivo não Circulante
Liquidez corrente Capacidade da empresa de pagar dívidas de curto prazo	Ativo Circulante Passivo Circulante
Liquidez imediata Capacidade da empresa de pagar todas as dívidas de imediato	Disponibilidades Passivo Circulante
Liquidez seca Capacidade da empresa de pagar todas as dívidas de imediato, porém considerando apenas o que pode ser transformado em caixa	Ativo Circulante – Despesas Antecipadas – Estoques Passivo Circulante
Capital circulante líquido Descreve a folga financeira da empresa no curto prazo	Ativo Circulante – Passivo Circulante

Fonte: Adaptado de Lucentini, 2007, p. 59.

Vamos calcular os índices de liquidez para a empresa Asa? Para isso, precisamos do BP e da DRE. A título de observação, as disponibilidades correspondem ao dinheiro em caixa e em conta-corrente, e as despesas antecipadas correspondem aos gastos pagos ou devidos, mas que serão realizados futuramente, como o pagamento de aluguel adiantado. Vejamos os cálculos na Tabela 2.9, a seguir.

Tabela 2.9 – Indicadores de liquidez – Asa

Indicador	Ano 1	Ano 2
Liquidez geral	$\dfrac{570+12}{1.162+360} = 0,382$	$\dfrac{450+0}{958+270} = 0,366$
Liquidez corrente	$\dfrac{570}{1.162} = 0,491$	$\dfrac{450}{958} = 0,469$
Liquidez imediata	$\dfrac{100}{1.162} = 0,086$	$\dfrac{160}{958} = 0,167$
Liquidez seca	$\dfrac{570-360}{1.162} = 0,181$	$\dfrac{450-250}{958} = 0,209$
Capital circulante líquido	$570 - 1.162 = -592$	$450 - 958 = -508$

O que esses indicadores nos dizem? A Asa tem um problema de liquidez que se agravou de um ano para outro, pois os indicadores são menores que 1. Como melhorar? Transferindo lucros do patrimônio líquido para os ativos da empresa.

2.7.2.2 Indicadores de endividamento

Agora, podemos dar uma olhada com calma nos indicadores que medem a capacidade que a empresa tem de cobrir suas dívidas, independentemente da liquidez. Estes são os indicadores de endividamento, apresentados no Quadro 2.3, e devem ser menores que 1.

Quadro 2.3 – Indicadores de endividamento

Endividamento geral Capacidade da empresa de cobrir suas dívidas com credores	$\dfrac{\text{Passivo Circulante + Passivo não Circulante}}{\text{Patrimônio Líquido}}$
Endividamento financeiro Capacidade da empresa de cobrir suas dívidas com o setor bancário	$\dfrac{\text{Empréstimos + Financiamentos}}{\text{Patrimônio Líquido}}$
Índice de cobertura de juros Capacidade da empresa de pagar suas dívidas com bancos	$\dfrac{\text{Resultado Operacional}}{\text{Despesas Financeiras}}$

Fonte: Adaptado de Lucentini, 2007, p. 61.

Agora, vamos ver como anda o endividamento da Asa? Vejamos os valores calculados na Tabela 2.10:

Tabela 2.10 – Indicadores de endividamento da Asa

Indicador	Ano 1	Ano 2
Endividamento geral	$\dfrac{1.162+360}{710}=2,14$	$\dfrac{958+270}{892}=1,38$
Endividamento financeiro	$\dfrac{360+90}{710}=0,63$	$\dfrac{270+90}{892}=0,40$
Índice de cobertura de juros	$\dfrac{69}{15}=4,6$	$\dfrac{351,4}{20}=17,6$

Nesse quesito, a Asa não está bem. Veja que os indicadores de endividamento são maiores que 1, apesar de terem seus valores reduzidos de um ano para outro.

2.7.2.3 Indicadores de rentabilidade

Continuando com os indicadores positivos, precisamos analisar os indicadores de rentabilidade, que são apresentados no Quadro 2.4. Esses indicadores são de extrema importância para os investidores, inclusive você, pois demonstram a rentabilidade e a lucratividade sobre o investimento realizado.

Quadro 2.4 – Indicadores de rentabilidade

Margem operacional Lucro operacional médio obtido em cada venda	$\dfrac{\text{Resultado Operacional}}{\text{Receita Líquida}}$
Margem líquida Lucro final obtido sobre cada venda	$\dfrac{\text{Lucro Líquido}}{\text{Receita Líquida}}$
Rentabilidade do ativo Capacidade de geração de lucro	$\dfrac{\text{Lucro Líquido}}{\text{Ativo}}$
Rentabilidade do patrimônio líquido Representa remuneração do capital próprio e indicador de rentabilidade final	$\dfrac{\text{Lucro Líquido}}{\text{Patrimônio Líquido}}$

Fonte: Adaptado de Motta et al., 2009, p. 86.

Como fizemos para o indicador de liquidez e para o indicador de endividamento, vamos, agora, calcular os indicadores de rentabilidade da Asa. Com os dados mostrados, podemos calcular os indicadores, mas tenha bastante cuidado ao consultar o BP e a DRE. Confira os resultados na Tabela 2.11:

Tabela 2.11 – Indicadores de rentabilidade da Asa

Indicador	Ano 1	Ano 2
Margem operacional	$\frac{69}{350} = 0{,}197$	$\frac{351{,}4}{616{,}4} = 0{,}570$
Margem líquida	$\frac{37{,}8}{350} = 0{,}108$	$\frac{232}{616{,}4} = 0{,}376$
Rentabilidade do ativo	$\frac{37{,}8}{350} = 0{,}108$	$\frac{232}{2120} = 0{,}109$
Rentabilidade do patrimônio líquido	$\frac{37{,}8}{710} = 0{,}053$	$\frac{232}{892} = 0{,}260$

Observamos, a partir dos indicadores, que investir na Asa será um bom negócio, uma vez que sua rentabilidade aumentou bastante se comparados o Ano 1 e o Ano 2. Além disso, podemos notar que o Ano 1 não foi muito bom.

2.7.2.4 Indicadores de atividade

Está na hora de analisarmos o lado positivo da empresa. Vamos olhar com atenção primeiramente os indicadores de atividade, os quais apresentamos no Quadro 2.5. Esses indicadores são muito importantes, uma vez que demonstram a capacidade operacional da empresa, bem como as necessidades do capital de giro.

Quadro 2.5 – Indicadores de atividade

Recebimento Vendas médias diárias a prazo	Clientes a Receber · 360 / Receita Bruta
Pagamento Compras médias diárias a prazo	Fornecedores a Pagar · 360 / Compras Brutas

(continua)

(Quadro 2.5 – conclusão)

Estocagem Consumo médio diário retido em estoque	$\dfrac{\text{Estoque de Matéria-Prima} \cdot 360}{\text{Consumo de Matéria-Prima}}$
Giro do ativo global Representa a quantidade de vezes que o ativo é transformado em vendas	$\dfrac{\text{Receita Líquida}}{\text{Ativo}}$
Giro do estoque global Representa a quantidade de vezes que os produtos geram vendas	$\dfrac{\text{Custo de Mercadorias Vendidas}}{\text{Estoque de Matéria-Prima}}$
Giro do patrimônio líquido Representa a remuneração dos acionistas	$\dfrac{\text{Receita Líquida}}{\text{Patrimônio Líquido}}$

Fonte: Adaptado de Motta et al., 2009, p. 87.

Observe que o custo de mercadorias vendidas equivale ao montante dado pelo consumo de matéria-prima. Veja os resultados da Asa na Tabela 2.12:

Tabela 2.12 – Indicadores de atividade da Asa

Indicador	Ano 1	Ano 2
Recebimento	$\dfrac{120 \cdot 360}{500} = 0{,}24$	$\dfrac{40 \cdot 360}{761{,}4} = 18{,}9$
Pagamento	$\dfrac{705 \cdot 360}{500} = 507{,}6$	$\dfrac{475 \cdot 360}{5} = 34{,}2$
Estocagem	$\dfrac{160 \cdot 360}{40} = 1.440$	$\dfrac{100 \cdot 360}{40} = 900$
Giro do ativo global	$\dfrac{350}{2.232} = 0{,}16$	$\dfrac{614{,}4}{2.120} = 0{,}29$
Giro do estoque global	$\dfrac{40}{160} = 0{,}25$	$\dfrac{40}{100} = 0{,}4$
Giro do patrimônio líquido	$\dfrac{350}{710} = 0{,}493$	$\dfrac{616{,}4}{892} = 0{,}691$

Como visto nos indicadores de endividamento e complementado agora, a Asa precisa de captação de recursos, tendo em vista que o valor devido a fornecedores é maior que o estoque de matéria-prima e o valor disponível em caixa. Isso também pode ser observado pelo fato de o indicador de pagamento ser maior do que a soma dos indicadores de estoque e recebimento. Agora vem a dúvida sobre que atitude ter: tomar emprestado de um banco, fazer a captação dos acionistas ou vender um veículo para fazer caixa? Essa pergunta será respondida nos próximos capítulos.

2.8 Ponto de equilíbrio

O conceito de ponto de equilíbrio é importante para a avaliação da empresa. Também denominado *break-even point* (Martins, 2008), surge a partir da comparação entre receitas, custos e despesas. Assim, trata-se quantidade de vendas para a qual as receitas são iguais aos custos e despesas, ou seja, a quantidade mínima de produtos a serem vendidos para que comece a existir lucro. A Figura 2.1 ilustra de maneira clara essa definição.

Figura 2.1 – Ilustração do ponto de equilíbrio

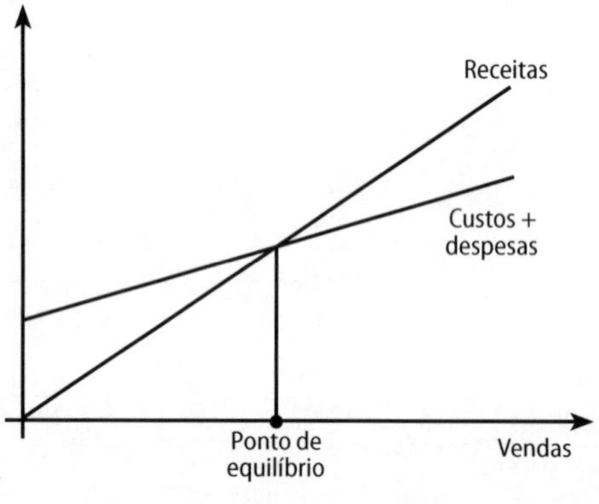

Fonte: Adaptado de Martins, 2008, p. 258.

Síntese

No capítulo anterior, apresentamos os conhecimentos de matemática financeira. Neste capítulo, você ingressou no universo da contabilidade. Se seu objetivo é analisar um projeto de investimento, é de suma importância que você saiba avaliar os relatórios que demonstram a situação financeira da empresa, bem como seus patrimônios, quando estes chegarem a suas mãos. As diferenças entre ativo e passivo, receitas e despesas, custos e deduções devem vir à sua mente sem pestanejar, já que o Demonstrativo da Mutação do Patrimônio Líquido depende dessas informações, as quais devem ser observadas com cuidado, pois é daí que você poderá saber o quanto investir em um projeto. E é aí que você descobre que uma importante informação para a análise de investimentos é o capital disponível, ou seja, o capital fixo e o capital de giro. De posse dessas informações e dos indicadores econômicos, você terá ciência da capacidade operacional da empresa.

Questões para revisão

1. Calcule os elementos que estão faltando na DRE do Ano 9 e do Ano 10 da Asa, sendo os valores fornecidos dados em milhares de reais na Tabela 2.13.

Tabela 2.13 – DRE Asa – Anos 9 e 10, em milhares de reais

Item	Ano 9	Ano 10
Receita Bruta	1.000	1.500
Deduções	( )	(400)
Receita Líquida	800	
Custos Diretos de Produção	(400)	(500)
Custos Indiretos de Produção	(100)	( )
Lucro Bruto		400
Despesas Operacionais	(80)	(85)
Depreciação	( )	(15)
Lucro Antes dos Juros ou Resultado Operacional	210	
Despesas Financeiras	(10)	(30)
Lucro Antes do IR ou Resultado do Exercício		
IR (Alíquota 30%)	( )	( )
Lucro Após o IR		

2. De posse dos valores da DRE do Ano 9 e do Ano 10, calcule os indicadores de rentabilidade da Asa:

   a) margem operacional;
   b) margem líquida.

3. Assinale a alternativa com o item que **não** representa um elemento contábil:

   a) Demonstração de Origens e Aplicações de Recursos.
   b) Balanço Patrimonial.
   c) Sistema SAC.
   d) Demonstração do Resultado do Exercício.

4. Assinale a alternativa que apresenta a afirmativa correta:

   a) Depreciação não é uma despesa.
   b) Matéria-prima é um custo indireto de produção.
   c) IPI, ISS, ICMS são impostos aplicados sobre a receita bruta.
   d) Capital de giro representa apenas dinheiro em espécie.

5. Assinale a alternativa que apresenta a afirmativa correta:

   a) Indicador de endividamento geral é equivalente ao indicador de endividamento financeiro.
   b) Indicadores de rentabilidade apontam a necessidade de capital de giro.
   c) Indicador de liquidez demonstra a capacidade da empresa de garantir e pagar os compromissos assumidos.
   d) A partir do ponto de equilíbrio, a empresa começa a ter prejuízo.

Questões para reflexão

1. Se você fosse responsável pela Asa, como faria para reduzir os custos de produção e, consequentemente, aumentar os lucros? Começaria por onde? Mão de obra? Matéria-prima? É possível estabelecer uma lista de prioridades?

2. Qual é a importância do ponto de equilíbrio? É possível pensar no volume mínimo de vendas?

Saiba mais

PETERS, M. S.; TIMMERHAUS, K. D. **Plant Design and Economics for Chemical Engineers.** 4. ed. New York: McGraw-Hill, 1991.

Fazer uma previsão dos custos dos equipamentos pode ser uma tarefa difícil. No entanto, você pode utilizar os índices de custo não somente para estimativas iniciais, como também para corrigir o efeito da inflação. Há diversos tipos de índices, mas os mais recomendados são o *Marshall & Swift Equipment Cost Index* e o *Chemical Engineering Plant Cost Index*. Consulte a obra de Peters e Timmerhaus para mais detalhes.

Elementos de projetos de investimentos

3

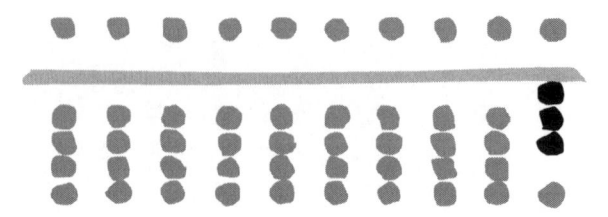

Conteúdos do capítulo:

- Definição de projetos de investimentos.
- Critérios econômicos de análise.
- Critérios financeiros de análise.
- Critérios imponderáveis.

Após o estudo deste capítulo, você será capaz de:

1. identificar projetos de investimentos;
2. calcular critérios econômicos de análise de investimentos, como taxa mínima de atratividade, valor anual, valor presente, taxa interna de retorno, tempo de retorno;
3. analisar critérios para a tomada de decisão no investimento;
4. fazer a análise de investimentos.

Nossa jornada deve continuar. No Capítulo 1, analisamos a parte financeira referente à compra do par de sapatos da Asa. Já no Capítulo 2, entramos em outro mundo, analisando a parte contábil dessa empresa. Agora, precisamos abrir mais uma porta: vamos tomar decisões sobre a Asa? É isso mesmo: de comprador, você passará a decisor do futuro da empresa. Mas, para isso, devemos nos aprimorar mais. Apenas os indicadores contábeis que analisamos no capítulo anterior, apesar de importantes, não são suficientes para uma tomada de decisão. Precisamos de conhecimentos mais amplos visando ao estudo e à análise de projetos de investimentos.

De agora em diante, você será o Diretor-Geral da Asa, quem dá a palavra final sobre os investimentos. Para começar, como você responderia à seguinte pergunta: Mantemos a atual máquina de embalagem, que tem uma capacidade limitada e custos diretos e indiretos razoáveis, ou compramos uma máquina mais moderna, que tem maior capacidade e gera menores custos? Veja que, para realizar o sonho de aumentar a capacidade e reduzir os custos, existe um pequeno problema: é necessário pagar por uma nova máquina. Como? Se a Asa estiver bem, de acordo com o Demonstrativo de Mutação de Patrimônio Líquido (DMPL), pode ser transferida uma parte dos lucros para o ativo imobilizado da empresa. Nesse caso, o capital de reservas e o capital de giro podem ser sacrificados. Uma segunda alternativa é um financiamento bancário, mas lembre-se dos juros a serem pagos e da escolha do sistema de amortização. E agora, qual é a sua resposta? Não se preocupe, até o fim do livro, você aprenderá a fazer esses cálculos.

3.1 Projetos de investimentos

Vamos começar analisando com mais detalhes os projetos de investimentos em si. Um investimento é definido como um gasto focando a melhoria do processo de produção. Assim, um projeto de investimento envolve um amplo estudo sobre o que será feito, abrangendo basicamente critérios econômicos e financeiros, além de critérios imponderáveis. Veremos, logo a seguir, alguns aspectos comuns a quaisquer projetos de investimento.

Devem sempre existir as datas e os períodos referentes às entradas e saídas de caixa, pois, lembre-se, só podem ser comparadas quantias referentes a um mesmo período. Além disso, como analisam Newman, Eschenbach e Lavelle (2004), apenas o tempo presente e o futuro são relevantes; passado é passado.

Nos projetos de investimento, devem ser comparadas alternativas distintas, e suas diferenças devem ser analisadas. Isso significa que devem existir pelo menos duas alternativas (quanto mais, melhor!) e que o diferencial que pode tornar um projeto mais atrativo do que outro deve estar sempre na mira.

As diferenças devem ser quantificadas em termos monetários. A aparência de um equipamento em relação ao outro não é importante do ponto de vista econômico.

As estimativas sobre custos e receitas devem ser as mais corretas possíveis, devendo ser conduzido um estudo de análise de sensibilidade sobre as variáveis básicas do projeto (se você estiver curioso, dê uma olhada no Capítulo 4, "Tópicos essenciais de projetos de investimentos").

O projeto não deve apresentar muitas subdivisões, pois pode chegar a conclusões contraditórias ou a resultados não correlacionados. Como afirmam Hess et al. (1984), maximização de vendas não garante maximização de lucros.

Resultados imediatistas devem ser evitados. Casarotto Filho e Kopittke (1996) sugerem a utilização de uma política de gestão de resultados, considerando um determinado horizonte para análise.

3.2 Critérios de análise

Agora que sabemos **o que** fazer, precisamos descobrir **como** fazer. Mais especificamente, como analisar projetos financeiros. Para usarmos sempre a mesma forma de comparação, devemos considerar os critérios de análise que são divididos em três classes:

1. **Critérios econômicos** – Avaliam a rentabilidade do investimento. Os principais métodos de análise de rentabilidade são:
   - método da taxa mínima de atratividade;
   - método do valor anual;
   - método do valor presente;
   - método da taxa interna de retorno;
   - método de tempo de retorno ou recuperação (*Payback*).

2. **Critérios financeiros** – Avaliam a disponibilidade de recursos. Como analisamos no exemplo da Asa, uma vez definido ser mais rentável comprar a nova máquina, como obter os recursos? Financiamos ou usamos capital próprio?

3. **Critérios imponderáveis** – Devemos sempre ter em mente que outros critérios não mensuráveis podem ser decisivos na execução do projeto de financiamento. Por exemplo; a aparência do equipamento, a imagem e a confiança no fornecedor, o histórico de serviços de manutenção, a conservação ou não de postos de trabalho (aspecto social), as condições operacionais do equipamento, como poluição sonora, ergonomia etc.

3.2.1 Taxa mínima de atratividade

Lembre-se de que você é o diretor da Asa. Assim, nos estudos de projetos de investimento, você deve analisar diversas alternativas, ou seja, ao ser tomada a decisão, deve investir na melhor. Tudo bem, mas como saber se a sua escolha foi a melhor ou a mais rentável? É simples, você precisa de uma referência, que é dada pela taxa mínima de atratividade (TMA). Ela corresponde à menor taxa de juros que você deseja ganhar ao fazer um investimento.

Surge, então, um problema: não existe uma fórmula para o cálculo da TMA. No entanto, alguns critérios devem ser analisados:

- rentabilidade;
- grau de risco e segurança da aplicação;
- liquidez;
- política de expansão da empresa;
- cenário do local (país ou estado) do investimento, como estabilidade política e econômica;
- inflação.

Dessa forma, uma TMA que pode ser utilizada é o rendimento da caderneta de poupança. No entanto, você deve se lembrar de que a TMA depende do setor em que estamos trabalhando e do risco associado. Logo, para que qualquer investimento seja atrativo, deve ter rendimento superior ao da poupança, senão, além de estar perdendo, você ainda terá de se preocupar com riscos desnecessários. Lembre-se: cada caso é um caso.

A TMA é a alma de qualquer análise de investimentos.

3.2.2 Método do valor anual

O método do valor anual (MVA) é muito simples e fácil de ser utilizado. Você concorda que, de uma forma geral e bem simplificada, os investimentos são vistos como um desembolso inicial que será revertido em lucro por um período de tempo? Se você preferir, os investimentos correspondem ao fluxo de caixa indicado na Figura 3.1. Em muitos casos, os lucros correspondem a uma série uniforme, mas isso nem sempre ocorre (se estiver curioso, veja a Seção 3.2.6, "Análise de fluxos de caixa complexos").

Figura 3.1 – Fluxo de caixa de um investimento

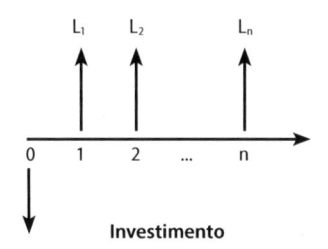

L_1 L_2 L_n

0 1 2 ... n

Investimento

Para utilizar o método do valor anual, precisamos da TMA. Por quê? Para que tenhamos nosso critério de comparação. Assim, calculamos a série de valores uniformes correspondente ao desembolso inicial do investimento caso este fosse aplicado à TMA. Podemos, então, calcular a diferença entre o valor do lucro obtido pelo investimento, que você observa na

Figura 3.1, e o valor da prestação que acabamos de obter. Esse resultado será o Valor Anual Líquido (VAL). Para que o projeto seja viável, o lucro proposto pelo investimento deve ser maior que o valor obtido considerando a TMA, ou seja, o VAL deve ser positivo. Confuso? Vamos ao que interessa: sua primeira análise de investimentos como diretor da Asa.

Exemplo 1

O setor de embalagens da Asa necessita de investimentos para aumentar a capacidade de encaixotamento de sapatos. A Alternativa I precisa de um desembolso inicial de R$ 200.000,00, que se traduzirá em lucros anuais de R$ 50.000,00 durante 8 anos. Por outro lado, na Alternativa II, um fornecedor afirma que, com um desembolso inicial de R$ 300.000, seu equipamento garante lucros anuais de R$ 70.000 durante 8 anos. Como diretor da Asa, qual é a melhor alternativa, considerando o método do valor anual e a TMA de 10% ao ano?

Etapa 1) Montagem do fluxo de caixa

A primeira etapa consiste em montar o fluxo de caixa da alternativa I e da alternativa II para que você possa visualizar corretamente o problema, como apresentado na Figura 3.2.

Figura 3.2 – Fluxos de caixa dos investimentos, em milhares de reais

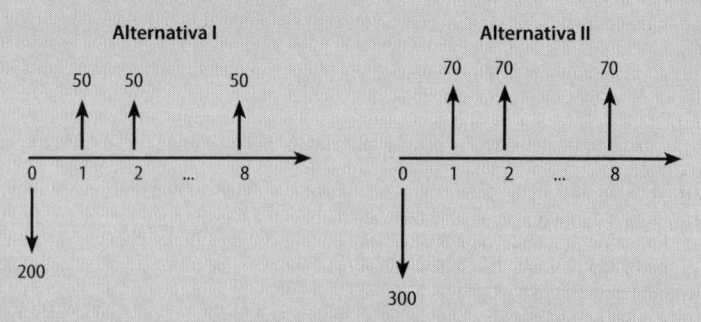

Etapa 2) Cálculo do VAL da Alternativa I

Você percebe que estamos trabalhando com uma série uniforme? Reveja a Equação 5 (retomada a seguir). Analisando com cuidado os dados do exercício, concluímos que C = 200 (investimento), i = 0,1 (TMA), n = 8 (anos). Portanto, temos o VAL aproximado de R$ 12.510,00.

$$P_n = C \cdot \left[\frac{i \cdot (1+i)^n}{(1+i)^n - 1} \right] \qquad \text{Equação 5}$$

$$P_8 = 200 \cdot \left[\frac{0,1 \cdot (1+0,1)^8}{(1+0,1)^8 - 1} \right] = 37,49$$

$$VAL_I = L_8 - P_8 = 50 - 37,49 = 12,51$$

Etapa 3) Cálculo do VAL da Alternativa II

Refazendo os cálculos anteriores para os dados da Alternativa II, ou seja, C = 300 (investimento), i = 0,1 (TMA), n = 8 (anos), temos o VAL aproximado de R$ 13.770,00.

$$P_8 = 300 \cdot \frac{0,1 \cdot (1+0,1)^8}{(1+0,1)^8 - 1} = 56,23$$

$$VAL_{II} = L_8 - P_8 = 70 - 56,23 = 13,77$$

Etapa 4) Análise das alternativas

Observamos que o lucro anual resultante do investimento da Alternativa I corresponde a R$ 50.000,00. Caso o investimento fosse aplicado à TMA, resultaria em lucros de R$ 37.490,00. Assim, temos um VAL positivo de R$ 12.510,00. Se esse valor fosse negativo, o investimento inicial deveria ser em algum outro empreendimento que renda uma taxa de juros equivalente à TMA, e não na Alternativa I. Seguindo o mesmo raciocínio para a Alternativa II, tem-se que os R$ 70.000,00 de lucro anual do investimento menos R$ 56.230,00, correspondente ao lucro obtido em aplicações à TMA, resultam em um VAL de R$ 13.770,00. Logo, apesar do maior desembolso inicial, **a Alternativa II é melhor do que a Alternativa I, por apresentar maior VAL**. Mas não devemos nos esquecer de que o ponto crucial do exercício é a TMA de 10%. Será que 10% são suficientes? Será que a Asa não pode ser mais ambiciosa e querer uma TMA de 20%?

Você precisa enxergar que analisamos apenas o critério econômico. Mas, para isso, supomos que haja o dinheiro em caixa para o investimento, certo? Caso não haja, o que fazer? Precisamos de um financiamento, ou seja, precisamos ver os critérios financeiros (se estiver curioso, veja o Capítulo 5). Por fim, antes da tomada de decisão, lembre-se de analisar os critérios imponderáveis. O método que acabamos de ver é bastante interessante e aplicável a atividades que possam ser repetidas.

3.2.3 Método do valor presente

O método do valor do presente (MVP) é muito similar ao anterior. A diferença é que agora você deve calcular qual é o valor presente obtido a partir da série de valores constantes que corresponde ao lucro do investimento. Mas, para esse cálculo, você precisa da TMA. Esse valor presente é comparado ao investimento inicial, resultando no Valor Presente Líquido (VPL). Assim, você pode concluir que, para o projeto ser vantajoso, é necessário que o VPL seja positivo e o maior possível. O que você acha de mais um exemplo?

Exemplo 2

Considerando o MVP e uma TMA de 10%, analise a Alternativa I e a Alternativa II da Figura 3.2 (retomada a seguir) correspondentes a dois investimentos distintos.

Figura 3.2 – Fluxos de caixa dos investimentos, em milhares de reais

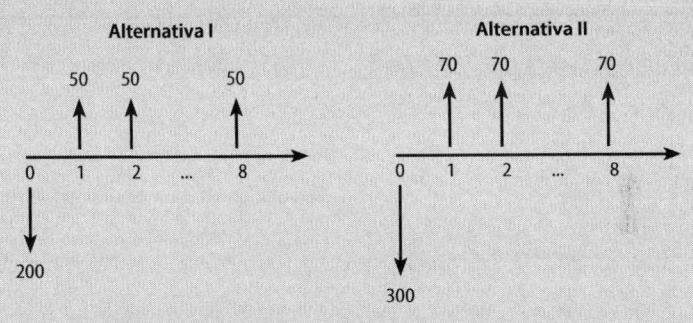

Alternativa I: fluxos de entrada de 50 nos anos 1, 2, ..., 8; investimento inicial de 200 no ano 0.

Alternativa II: fluxos de entrada de 70 nos anos 1, 2, ..., 8; investimento inicial de 300 no ano 0.

Etapa 1) Montagem do fluxo de caixa

Você vai ver o fluxo de caixa no enunciado do exercício anteriormente proposto.

Etapa 2) Cálculo do VPL da Alternativa I

Novamente, estamos considerando uma série uniforme. Mas agora precisamos calcular o valor presente (capital) correspondente aos lucros do investimento, com base na TMA. Para isso, precisamos da Equação 6 (retomada a seguir). Se você analisar com cuidado os dados, conclui que $P_8 = 50$ (lucro anual), $i = 0{,}1$ (TMA), $n = 8$ (anos). Logo, temos o VPL da Alternativa I de aproximadamente R$ 66.750,00.

$$C = P_n \cdot \left[\frac{(1+i)^n - 1}{i \cdot (1+i)^n} \right] \quad \text{Equação 6}$$

$$C_I = 50 \cdot \frac{(1+0{,}1)^8 - 1}{0{,}1 \cdot (1+0{,}1)^8} = 266{,}75$$

$$VPL_I = C_I - \text{Investimento}_I = 266{,}75 - 200 = 66{,}75$$

Etapa 3) Cálculo do VPL da Alternativa II

Repetindo o procedimento da etapa anterior, mas com $P_8 = 70$ (lucro anual), $i = 0{,}1$ (TMA), $n = 8$ (anos), o VPL aproximado da Alternativa II resulta em R$ 73.440,00.

$$C_{II} = 70 \cdot \frac{(1+0{,}1)^8 - 1}{0{,}1 \cdot (1+0{,}1)^8} = 373{,}45$$

$$VPL_{II} = C_{II} - Investimento_{II} = 373{,}44 - 300 = 73{,}44$$

Etapa 4) Análise das alternativas

Observamos que o investimento inicial (desembolso) da Alternativa I é de R$ 200.000,00. Os lucros prometidos pela Alternativa I, se considerada a TMA, levam a um valor presente de R$ 266.750,00, resultando no VPL de R$ 66.750,00. Novamente, se o valor fosse negativo, significaria que os lucros proporcionados pelo investimento, considerando a TMA, levariam a um valor menor que R$ 200.000,00, desaconselhando a Alternativa I. Seguindo o mesmo raciocínio para o investimento da Alternativa II, temos R$ 300.000 de investimento inicial e um valor presente de R$ 373.450,00, considerando a TMA. Assim, surge um VPL de R$ 73.450,00. Logo, apesar do maior desembolso inicial, a Alternativa II é melhor que a Alternativa I, pois apresenta um maior VPL. Como vimos no exemplo anterior, a TMA continua sendo o ponto-chave da análise. Novamente, como diretor da Asa, você se contenta com 10%?

Como recomendam Casarotto Filho e Kopittke (1996), o método do valor presente é o mais indicado para alternativas de investimento de curto prazo ou que tenham baixo número de períodos (n).

3.2.4 Método da taxa interna de retorno

A taxa interna de retorno (TIR) é definida como a taxa de juros para a qual o valor presente líquido de um fluxo de caixa é nulo. Mais uma vez, precisamos da Equação 6, mas a taxa de juros i passa a ser a incógnita. Vamos analisar o exemplo a seguir.

Exemplo 3

Você consegue calcular a taxa interna de retorno das alternativas de investimento dadas a seguir?

Figura 3.2 – Fluxos de caixa dos investimentos, em milhares de reais

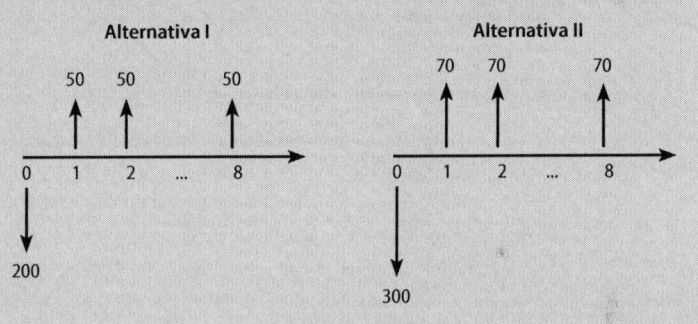

Alternativa I

50 50 50 ... 8 (períodos 0, 1, 2, ..., 8)
Saída: 200 em 0

Alternativa II

70 70 70 ... 8 (períodos 0, 1, 2, ..., 8)
Saída: 300 em 0

Etapa 1) Montagem do fluxo de caixa

Você pode ver o fluxo de caixa na Figura 3.2. Lembre-se de que é importante ter uma representação gráfica do problema que está resolvendo.

Etapa 2) Cálculo da TIR da Alternativa I

Como vimos anteriormente, é necessário calcular a taxa de juros que zera o valor presente do investimento. Assim, analisando a Equação 6 (retomada a seguir), sendo $C = 200$, $P_8 = 50$ e $n = 8$, podemos calcular a TIR.

$$C = P_n \cdot \left[\frac{(1+i)^n - 1}{i \cdot (1+i)^n} \right] \qquad \text{Equação 6}$$

$$200 = 50 \cdot \left[\frac{(1+i)^8 - 1}{i \cdot (1+i)^8} \right] \rightarrow i \cong 18{,}63\%$$

Etapa 3) Cálculo da TIR da Alternativa II

Repetindo o procedimento, mas com os dados da Alternativa II, ou seja, $C = 300$, $P_8 = 70$ e $n = 8$, calculamos outra TIR.

$$300 = 70 \cdot \left[\frac{(1+i)^8 - 1}{i \cdot (1+i)^8} \right] \rightarrow i \cong 16{,}41\%$$

Etapa 4) Análise das alternativas

Como observamos, a TIR da Alternativa I é maior do que a TIR da Alternativa II e ambas são maiores do que a TMA. Mas ainda é cedo para afirmarmos qual é a melhor.

Na técnica TIR, só é válida a comparação quando o investimento inicial é o mesmo.

Vamos supor que a Asa possui os R$ 300.000,00, mas, pelos resultados apresentados, você decide investir os R$ 200.000,00 na Alternativa I. Assim, o que fazer com os outros R$ 100.000,00? Comprar um terreno? Um imóvel? Uma obra de arte? Investir em ações? Investir em ouro? Investir em moeda estrangeira? Obviamente, a escolha é por uma aplicação que renda pelo menos a TMA. Mas qual será o lucro por período a ser obtido se aplicarmos os R$ 100.000,00 à TMA de 10% ao ano? Retomando a Equação 6, temos:

$$C = P_n \cdot \left[\frac{(1+i)^n - 1}{i \cdot (1+i)^n} \right] \qquad \text{Equação 6}$$

$$P_8 = 100.000 \cdot \frac{0,1 \cdot (1+0,1)^8}{(1+0,1)^8 - 1} \cong 18.740$$

O que você acabou de calcular é o fluxo de caixa dado pela Figura 3.3:

Figura 3.3 – Fluxo de caixa de R$ 100.000,00 aplicado à TMA, em milhares de reais

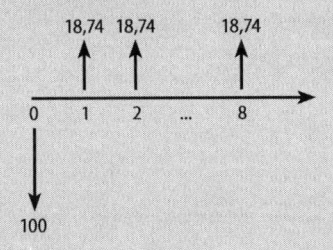

```
     18,74  18,74         18,74
       ↑      ↑             ↑
   ┌───┴──────┴─────────────┴────→
   0   1      2     ...     8
   ↓
  100
```

Se você somar esse fluxo ao fluxo de caixa da Alternativa I, terá o resultado dado pela Figura 3.4, com lucros anuais de R$ 68.740,00:

Figura 3.4 – Fluxo de caixa, em milhares de reais

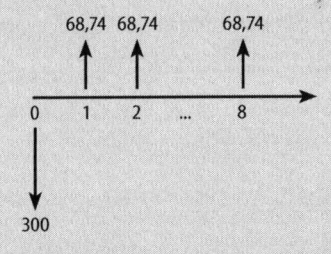

```
     68,74  68,74         68,74
       ↑      ↑             ↑
   ┌───┴──────┴─────────────┴────→
   0   1      2     ...     8
   ↓
  300
```

Veja que no fluxo de caixa da Alternativa II (Figura 3.2), os lucros são de R$ 70.000,00. Logo, apesar de ter uma TIR menor, essa alternativa é mais vantajosa para o cenário que discutimos, pois a Alternativa I mais os R$ 100.000,00 aplicados à TMA resultam em lucros menores, de R$ 68.740,00. Se você olhar com olhos de quem quer ver, enxerga que se os lucros anuais da Alternativa II fossem de, por exemplo, R$ 65.000,00, ela não seria mais atrativa.

Você deve estar se perguntando o seguinte: não necessariamente os R$ 100.000,00 serão aplicados à TMA, assim, qual é a menor taxa de aplicação para que a Alternativa I seja mais vantajosa? Vamos lá: se você subtrair o fluxo de caixa da Alternativa II do fluxo de caixa da Alternativa I, terá o fluxo de caixa dado pela Figura 3.5, cuja TIR é dada por:

$$100 = 20 \cdot \frac{(1+i)^8 - 1}{i \cdot (1+i)^8} \rightarrow i \cong 11,82\%$$

Figura 3.5 – Fluxo de caixa, em milhares de reais

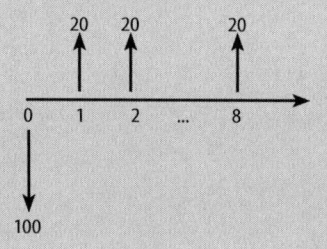

Podemos concluir que, se você quiser investir na Alternativa I, precisa encontrar uma aplicação que renda pelo menos 11,82% para os R$ 100.000,00. Senão, a Alternativa II é a indicada.

3.2.5 Método do tempo de retorno ou recuperação (*Payback*)

Esse método é bem rudimentar, pois não considera qualquer tipo de taxa de juros. Assim, o tempo de retorno, em períodos, corresponde ao quociente entre o investimento inicial dividido pelo lucro esperado em cada período. Ou, de uma forma mais simples, basta somar os lucros até encontrar o período no qual o valor da soma é maior do que o investimento inicial. Sua importância está na simplicidade, bem como no uso em aplicações envolvendo risco, pois quanto menor o tempo de retorno, melhor.

Para os dados do Exemplo 1, o tempo de retorno da Alternativa I é de 200.000/50.000 = 4 anos. Para a Alternativa II, esse tempo é de 300.000/70.000 = 4,28 anos (arredondando, 5 anos). Logo, você, como diretor da Asa, irá enfrentar o seguinte dilema: Ter retorno mais rápido ou ter um lucro maior, sem se importar com o tempo necessário para isso?

3.2.6 Análise de fluxos de caixa complexos

As alternativas de investimento que analisamos até agora correspondem a fluxos de caixa equivalentes a séries uniformes. Essa é uma simplificação que pode ser interessante. No entanto, em muitos casos, os fluxos de caixa podem ser mais complexos, apresentando lucros diferentes ou mesmo prejuízos.

Exemplo 4

Como diretor da Asa, você optou por uma política mais agressiva e definiu a TMA em 20%. Analise as alternativas de investimento dadas pelos fluxos de caixa da Figura 3.6 e decida qual delas é a melhor e se deve ser feito o investimento:

Figura 3.6 – Fluxos de caixa, em milhares de reais

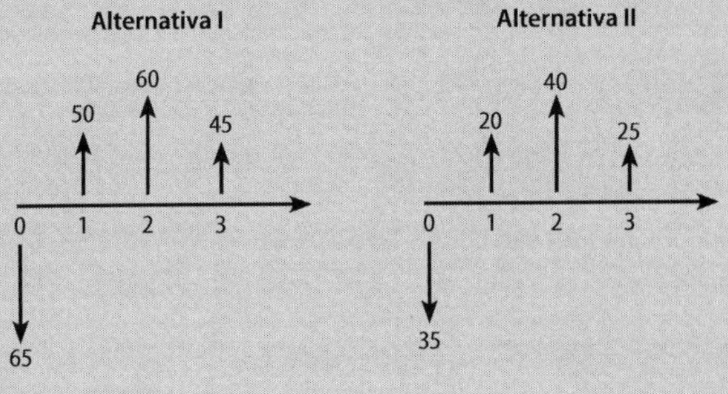

Alternativa I

50, 60, 45 (entradas nos anos 1, 2, 3); 65 (saída no ano 0)

Alternativa II

20, 40, 25 (entradas nos anos 1, 2, 3); 35 (saída no ano 0)

Etapa 1) Montagem do fluxo de caixa

Os fluxos de caixa já estão apresentados na Figura 3.6.

Etapa 2) Análise pelo método do valor presente

Iniciaremos usando o MVP. Precisamos trazer para o período inicial todos os valores do fluxo de caixa. Como os lucros são diferentes a cada período, é necessário fazer os cálculos individualmente, usando a Equação 2 (retomada a seguir), e no final somar os valores presentes correspondentes a cada período. Assim, temos aproximadamente o VPL de R$ 44.370,00 para a Alternativa I e de R$ 23.910,00 para a Alternativa II. Portanto, a Alternativa I deve ser escolhida por apresentar maior VPL.

$$T = C \cdot (1 + i) \qquad \text{Equação 2}$$

$$VPL_I = \left[\frac{50}{(1+0,2)} + \frac{60}{(1+0,2)^2} + \frac{45}{(1+0,2)^3} \right] - 65 = 44,37$$

$$VPL_{II} = \left[\frac{20}{(1+0,2)} + \frac{40}{(1+0,2)^2} + \frac{25}{(1+0,2)^3} \right] - 35 = 23,91$$

Etapa 3) Análise pelo método da TIR

Como vimos anteriormente, a TIR é a taxa que zera o valor presente líquido. Logo, resolvendo as seguintes equações, temos a TIR aproximada de 60,98% para a Alternativa I e de 58,05% para a Alternativa II.

$$\frac{50}{(1+i)} + \frac{60}{(1+i)^2} + \frac{45}{(1+i)^3} = 65 \rightarrow TIR_I = 60,98\%$$

$$\frac{20}{(1+i)} + \frac{40}{(1+i)^2} + \frac{25}{(1+i)^3} = 35 \rightarrow TIR_{II} = 58,05\%$$

A TIR deve ser sempre maior que a TMA.

Lembre-se de que, pela TIR, podemos comparar apenas investimentos iniciais iguais. Assim, calculando a TIR e o fluxo de caixa da diferença entre as alternativas, o qual pode ser visto pela Figura 3.7, obtemos 64,93%, que é maior que a TMA:

$$\frac{30}{(1+i)} + \frac{20}{(1+i)^2} + \frac{20}{(1+i)^3} = 30 \rightarrow \text{TIR} = 64{,}93\%$$

Figura 3.7 – Fluxo de caixa da diferença entre as alternativas, em milhares de reais

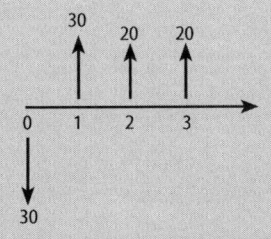

O que você conclui? Que a Alternativa I é melhor, pois será necessário encontrar uma aplicação para os R$ 30.000,00 que tenha uma taxa de retorno de pelo menos 64,93%, o que pode não ser uma tarefa fácil. E agora? Antes de tomar a decisão, lembre-se de que precisamos analisar os outros critérios, o financeiro e os imponderáveis.

3.2.7 Análise de cenários com TMA variável

Consideramos a TMA um valor constante. Essa é uma hipótese bastante interessante em avaliações iniciais de projetos de investimento. No entanto, algumas situações podem levar ao uso de TMA variável, como políticas de expansão de empresas, surgimento de conflitos e guerras, instabilidade política e governamental, crises financeiras.

Exemplo 5

Analise as alternativas de investimento dadas pelos fluxos de caixa a seguir, mas considerando a TMA de 10% para o primeiro ano, 20% para o segundo e 30% para o terceiro.

Figura 3.8 – Fluxos de caixa das Alternativas I e II

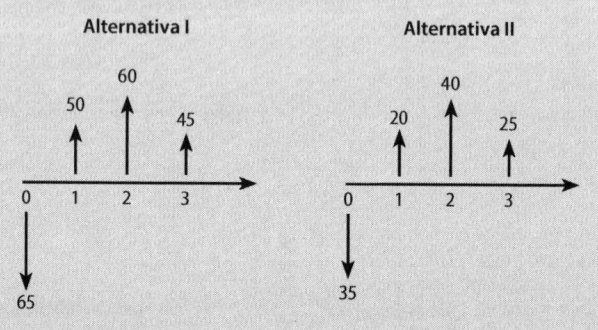

Alternativa I

```
        60
    50  ↑
    ↑   45
    ↑   ↑
0   1   2   3
↓
65
```

Alternativa II

```
        40
    20  ↑   25
    ↑   ↑   ↑
0   1   2   3
↓
35
```

Etapa 1) Montagem do fluxo de caixa

Os fluxos de caixa já estão apresentados.

Etapa 2) Análise pelo MVP

Precisamos trazer para o período inicial todos os valores do fluxo de caixa. Lembre-se de que agora, além dos lucros, a TMA também é diferente para cada período: Assim, partindo da Equação 2 (retomada a seguir), somando os valores presentes correspondentes a cada período, pode ser calculado o VPL de cada alternativa, em milhares de reais.

$$T_n = C \cdot (1 + i)^n \quad \text{Equação 2}$$

$$VP_I = \frac{50}{(1+0{,}1)} + \frac{60}{(1+0{,}1) \cdot (1+0{,}2)} + \frac{45}{(1+0{,}1) \cdot (1+0{,}2) \cdot (1+0{,}3)} = 117{,}13$$

$$VPL_I = VP_I + \text{Investimento}_I = 52{,}13$$

$$VP_{II} = \frac{20}{(1+0,1)} + \frac{40}{(1+0,1)\cdot(1+0,2)} + \frac{25}{(1+0,1)\cdot(1+0,2)\cdot(1+0,3)} = 63,05$$

$$VPL_{II} = VP_{II} + Investimento_{II} = 28,05$$

O MVP indica que a Alternativa I deve ser escolhida por apresentar maior VPL. Devemos ressaltar que, nessa situação, com TMA e lucros variando, apenas o MVP pode ser utilizado (Newman; Eschenbach; Lavelle, 2004).

3.2.8 Análise de cenários com horizontes de planejamento

Como você pode ver, o nível de complexidade das análises está aumentando. Vamos complicar mais um pouco? Será possível comparar alternativas de investimento que têm períodos diferentes, ou seja, alternativas que apresentam um horizonte de planejamento? Claro! Nesse caso, há duas formas de fazermos a análise: com repetição ou sem repetição. Caso o investimento possa ser repetido, aplicaremos o MVA, usando como período total em ambos os investimentos o mínimo múltiplo comum dos períodos, e também aplicaremos o MVA em fluxos de caixa com períodos diferentes. Por outro lado, se for impossível a repetição, as análises serão feitas, com os períodos distintos, usando o método do valor presente. Vamos a mais um exemplo para fixar as diferenças.

Exemplo 6

Agora é a vez do setor de recepção de matéria-prima da Asa ser modernizado. O engenheiro responsável apresenta a você duas alternativas de investimento cujos fluxos de caixa são apresentados pela Figura 3.9. Qual delas deverá ser escolhida caso não haja repetibilidade? Considerar a TMA constante e igual a 15% ao ano.

Figura 3.9 – Fluxos de caixa das alternativas de investimento

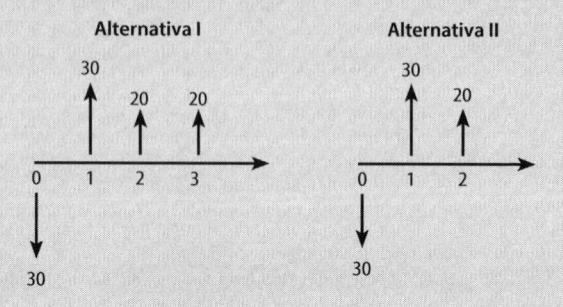

Alternativa I

```
      30
   ↑  20  20
   ↑  ↑   ↑
   0  1   2   3  →
   ↓
  30
```

Alternativa II

```
      30
   ↑  20
   ↑  ↑
   0  1   2  →
   ↓
  30
```

Etapa 1) Montagem do fluxo de caixa – caso sem repetibilidade

Os fluxos de caixa já estão apresentados na Figura 3.9. Lembre-se de usar o método do VPL.

Etapa 2) Análise pelo MVP

Observamos que a TMA é constante, mas os lucros são distintos. Podemos usar a Equação 2 (retomada a seguir) para o cálculo do VPL em cada uma das alternativas, resultando em aproximadamente R$ 24.360,00 para a Alternativa I e R$ 21.210,00 para a Alternativa II. Logo, a Alternativa I deve ser escolhida por apresentar VPL maior.

$$T_n = C \cdot (1 + i)^n \qquad \text{Equação 2}$$

$$VPL_I = \left[\frac{30}{(1+0,15)} + \frac{20}{(1+0,15)^2} + \frac{20}{(1+0,15)^3} \right] - 30 = 24,36$$

$$VPL_{II} = \left[\frac{30}{(1+0,15)} + \frac{20}{(1+0,15)^2} \right] - 20 = 21,21$$

Exemplo 7

Dada alternativa de investimento denominada *Alternativa I* corresponde à obtenção de lucros anuais de R$ 40.000,00 por ano, durante 3 anos, a partir de um investimento inicial de R$ 30.000,00. Uma segunda alternativa de investimento, a Alternativa II, corresponde à obtenção de lucros anuais de R$ 30.000,00 por ano, durante 2 anos, a partir de um investimento inicial de R$ 20.000,00. Qual das alternativas deverá ser escolhida caso haja repetibilidade? Considerar a TMA de 15% ao ano.

Etapa 1) Montagem do fluxo de caixa – caso com repetibilidade

Os fluxos de caixa são apresentados na Figura 3.10. Nesse caso, veja que os períodos são iguais ao mínimo múltiplo comum. Em outras palavras, o fluxo de caixa da Alternativa I foi repetido 2 vezes e o fluxo da Alternativa II foi repetido 3 vezes. Não se esqueça de analisar o problema pelo MVP.

Figura 3.10 – Fluxos de caixa adaptados, em milhares de reais

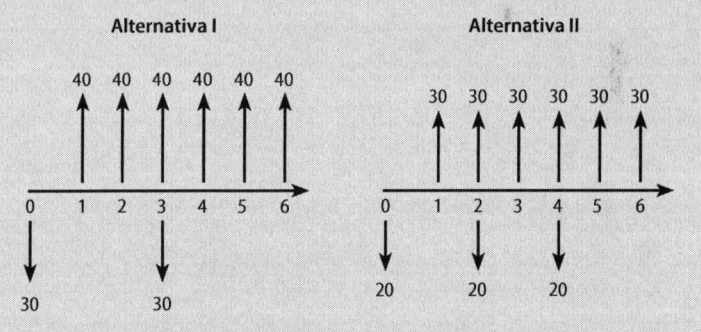

Alternativa I

```
    40  40  40  40  40  40
    ↑   ↑   ↑   ↑   ↑   ↑
    |   |   |   |   |   |
0   1   2   3   4   5   6
↓           ↓
30          30
```

Alternativa II

```
        30  30  30  30  30  30
        ↑   ↑   ↑   ↑   ↑   ↑
        |   |   |   |   |   |
    0   1   2   3   4   5   6
    ↓           ↓           ↓
    20          20          20
```

Etapa 2) Cálculo do VAL das alternativas

Primeiro, precisamos obter o valor presente dos investimentos usando a Equação 2, resultando em, aproximadamente, R$ 49.700,00 para a Alternativa I e R$ 46.600,00 para a Alternativa II.

$$T_n = C \cdot (1 + i)^n \qquad \text{Equação 2}$$

$$VP_{\text{Investimento I}} = \left[30 + \frac{30}{(1 + 0{,}15)^3} \right] = 49{,}7$$

$$VP_{\text{Investimento II}} = \left[20 + \frac{20}{(1 + 0{,}15)^2} + \frac{20}{(1 + 0{,}15)^4} \right] = 46{,}6$$

A partir desses valores e com auxílio da Equação 5 (retomada a seguir), calculamos o VAL de R$ 26.900,00 para a Alternativa I e de R$ 17.700,00 para a Alternativa II. Portanto, você pode concluir que a Alternativa I é a melhor, de acordo com o critério econômico. Lembre-se de que você precisa, ainda, analisar os outros critérios.

$$P_n = C \cdot \left[\frac{i \cdot (1 + i)^n}{(1 + i)^n - 1} \right] \qquad \text{Equação 5}$$

$$VAL_I = 40 - 49{,}7 \cdot \left[\frac{0{,}15 \cdot (1 + 0{,}15)^6}{(1 + 0{,}15)^6 - 1} \right] = 26{,}9$$

$$VAL_{II} = 30 - 46{,}6 \cdot \left[\frac{0{,}15 \cdot (1 + 0{,}15)^6}{(1 + 0{,}15)^6 - 1} \right] = 17{,}7$$

Como você pode perceber, foi possível analisar as alternativas de investimentos repetindo-se os fluxos de caixa para se obter um fluxo de caixa modificado, com horizontes de planejamentos iguais. Para esses casos, então, existe outra forma de se aplicar o MVA. No referido método, já está implícita a repetibilidade; logo, não é necessária a repetição dos fluxos de caixa e pode-se aplicar diretamente o VAL. Vejamos então a resolução do Exemplo 7, mas de outra maneira:

Etapa 1) Montagem do fluxo de caixa

Os fluxos de caixa, para ambas as alternativas de investimentos, são apresentados na Figura 3.11:

Figura 3.11 – Fluxos de caixa originais, em milhares de reais

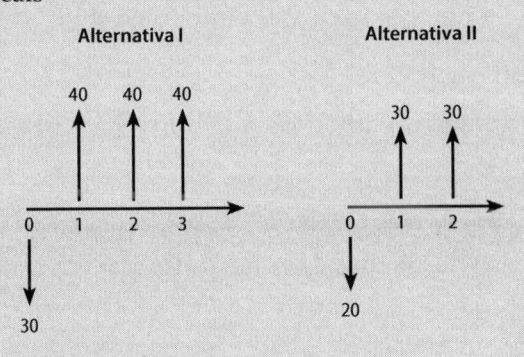

Alternativa I

```
      40   40   40
       ↑    ↑    ↑
       |    |    |
   0   1    2    3
   |
   ↓
   30
```

Alternativa II

```
           30   30
            ↑    ↑
            |    |
        0   1    2
        |
        ↓
        20
```

Etapa 2) Cálculo do VAL das alternativas

A partir desses valores e com auxílio da Equação 5 (retomada a seguir), calculamos o VAL para os fluxos de caixa apresentados na Figura 3.11. Observe que esse cálculo resultou nos valores de R$ 26.900,00 para a Alternativa I e de R$ 17.700,00 para a Alternativa II, ou seja, os valores são exatamente iguais àqueles que calculamos repetindo os fluxos de caixa. Portanto, a Alternativa I continua sendo a melhor, de acordo com o critério econômico.

$$P_n = C \cdot \left[\frac{i \cdot (1+i)^n}{(1+i)^n - 1} \right] \qquad \text{Equação 5}$$

$$VAL_I = 40 - 30 \cdot \left[\frac{0{,}15 \cdot (1+0{,}15)^3}{(1+0{,}15)^3 - 1} \right] = 26{,}9$$

$$VAL_{II} = 30 - 20 \cdot \left[\frac{0{,}15 \cdot (1+0{,}15)^2}{(1+0{,}15)^2 - 1} \right] = 17{,}7$$

Ambas as formas de resolver estão corretas. No entanto, essa segunda maneira conduz à resposta de forma mais rápida e fácil.

> Se houver repetição, use o método do valor anual.
> Sem repetição, use o método do VPL.

3.2.9 Análise de cenários com inflação

Para finalizarmos os aspectos básicos envolvendo a análise econômica de projetos de investimento, devemos analisar situações envolvendo inflação. Esse item é de extrema importância: a inflação deve ser levada em conta para definir a TMA, caso contrário, os lucros serão reduzidos. Lembre-se de que algumas vezes os fluxos de caixa precisam ser corrigidos não somente pela inflação, como também por outros índices. Assim, quando a inflação precisa ser considerada, deve ficar claro se a TMA em questão é real, ou seja, um valor fixo, ou se é global, podendo variar de período a período, pois engloba a inflação, que é oscilante por natureza. Vamos a um exemplo para ficar mais claro.

Exemplo 8

Como diretor da Asa, você foi procurado pelo Banco Fly, que propôs a aplicação de R$ 100.000,00 com o retorno de 3 parcelas iguais de R$ 40.000,00. O Banco Get propõe a aplicação de R$ 150.000,00 com o retorno de 3 parcelas iguais de R$ 60.000. No entanto, além dos juros que já estão embutidos nas parcelas, o Banco Fly promete a você um ganho a mais, ou seja, as parcelas estão ligadas à taxa de variação do dólar, que é estimada em 10%, 15% e 20%, o que vai representar um lucro maior do que o esperado. O banco espera taxas de inflação de 12%, 17% e 21% para nossa moeda. Por outro lado, o Banco Get promete ganhos extras de 8%, 13% e 17%, e espera taxas de inflação de 9%, 14% e 18% (veja o Exemplo 7, do Capítulo 1). Considerando a TMA real em 10% ao ano, qual dos investimentos deve ser escolhido? Qual é a TIR dos investimentos?

Etapa 1) Fluxo de caixa básico

Nesta etapa, vamos representar o fluxo de caixa considerando apenas os valores de juros embutidos, ou seja, apenas as 3 parcelas mencionadas no enunciado do exercício, conforme mostra a Figura 3.12.

Figura 3.12 – Fluxos de caixa básicos, em milhares de reais

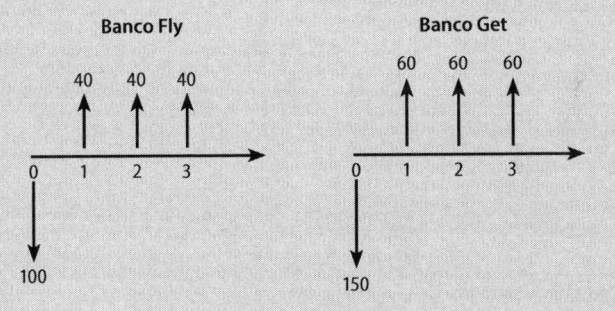

Etapa 2) Fluxo de caixa básico com a variação do dólar

A variação do dólar é positiva, assim, os valores das parcelas devem ser aumentados proporcionalmente à taxa de variação cambial. A Figura 3.13 mostra o fluxo de caixa montado com as parcelas calculadas, conforme apresentado na Tabela 3.1 indicada a seguir.

Tabela 3.1 – Valores das parcelas corrigidos pela variação cambial, em milhares de reais

Banco Fly	Banco Get
$40 \cdot (1 + 0{,}10) = 44$	$60 \cdot (1 + 0{,}08) = 64{,}8$
$40 \cdot (1 + 0{,}10) \cdot (1 + 0{,}15) = 50{,}6$	$60 \cdot (1 + 0{,}08) \cdot (1 + 0{,}13) = 73{,}2$
$40 \cdot (1 + 0{,}10) \cdot (1 + 0{,}15) \cdot (1 + 0{,}20) = 60{,}7$	$60 \cdot (1 + 0{,}08) \cdot (1 + 0{,}13) \cdot (1 + 0{,}17) = 85{,}7$

Figura 3.13 – Fluxos de caixa com variação cambial, em milhares de reais

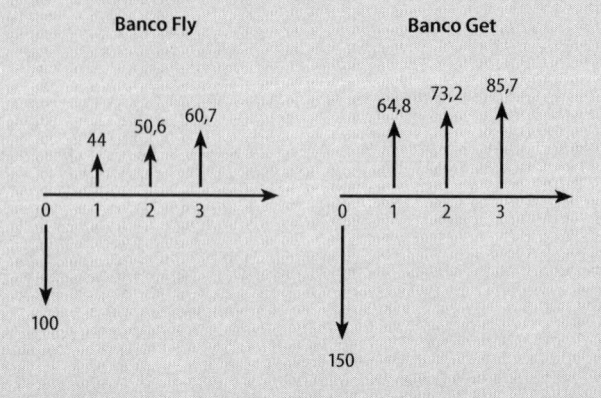

Banco Fly

```
        44   50,6  60,7
        ↑    ↑    ↑
   0    1    2    3
   ↓
  100
```

Banco Get

```
            64,8  73,2  85,7
             ↑    ↑    ↑
   0    1    2    3
        ↓
       150
```

Etapa 3) Fluxo de caixa básico com a variação do dólar e com a taxa de inflação

A taxa de inflação corresponde a uma desvalorização; assim, os valores das prestações devem ser menores, pois queremos saber qual é o ganho real. Analise as Equações 14 e 15 (retomadas a seguir) com cuidado e veja como podem ser usadas para a correção do valor da parcela pela inflação. A Figura 3.14 mostra o fluxo de caixa montado com as parcelas calculadas conforme a Tabela 3.2.

$$\left(1 + i_{global}\right)^n = (1 + \phi_1) \cdot \ldots \cdot (1 + \phi_n) \cdot \left(1 + i_{efetiva}\right)^n \qquad \text{Equação 14}$$

$$\text{Ganho Real} = \left[\frac{1 + \text{taxa de rendimento da aplicação}}{1 + \text{taxa de}}\right] - 1 \qquad \text{Equação 15}$$

Tabela 3.2 – Valores das parcelas corrigidos pela variação cambial e inflação, em milhares de reais

Banco Fly	Banco Get
$\dfrac{44}{(1 + 0{,}12)} = 39{,}3$	$\dfrac{64{,}8}{(1 + 0{,}09)} = 59{,}4$

(continua)

(Tabela 3.2 – conclusão)

Banco Fly	Banco Get
$\dfrac{50,6}{(1+0,12)\cdot(1+0,17)} = 38,6$	$\dfrac{73,2}{(1+0,09)\cdot(1+0,14)} = 58,9$
$\dfrac{60,7}{(1+0,12)\cdot(1+0,17)\cdot(1+0,21)} = 38,3$	$\dfrac{85,7}{(1+0,09)\cdot(1+0,14)\cdot(1+0,18)} = 58,4$

Figura 3.14 – Fluxos de caixa com variação cambial e inflação, em milhares de reais

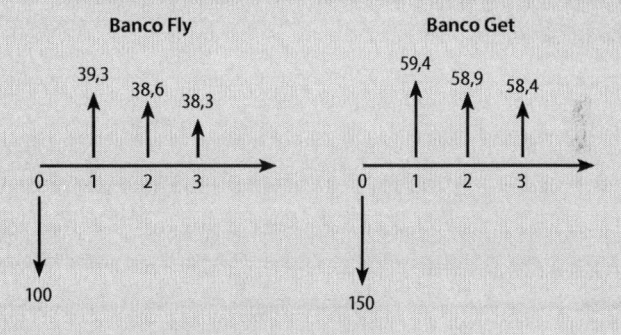

Banco Fly

39,3   38,6   38,3

0   1   2   3

100

Banco Get

59,4   58,9   58,4

0   1   2   3

150

Etapa 4) Análise das alternativas pelo MVP

Utilizando o procedimento já conhecido, calcularemos o VPL, em milhares de reais, de cada uma das alternativas para a TMA real de 10% ao ano.

$$VPL_{FLY} = \left[\dfrac{39,3}{(1+0,1)} + \dfrac{38,6}{(1+0,1)^2} + \dfrac{38,3}{(1+0,1)^3} \right] - 100 = -3,6$$

$$VPL_{GET} = \left[\dfrac{59,4}{(1+0,1)} + \dfrac{58,9}{(1+0,1)^2} + \dfrac{58,4}{(1+0,1)^3} \right] - 150 = -3,4$$

Observe que o VPL de ambas as alternativas é negativo; portanto, nenhuma deve ser escolhida.

Etapa 5) Cálculo da TIR

Apesar de já concluirmos que os investimentos não satisfazem o critério econômico, vamos calcular a TIR de cada um. Logo, precisamos resolver as seguintes equações:

$$TIR_{FLY} = \left[\frac{39,3}{(1+i)} + \frac{38,6}{(1+i)^2} + \frac{38,3}{(1+0,1)^3} \right] - 100 \rightarrow TIR_{FLY} \cong 7,9\%$$

$$TIR_{GET} = \left[\frac{59,4}{(1+i)} + \frac{58,9}{(1+i)^2} + \frac{58,4}{(1+0,1)^3} \right] - 150 \rightarrow TIR_{GET} \cong 8,7\%$$

Você pode ver que a TIR é inferior à TMA para ambos os casos, o que confirma o fato de os investimentos darem prejuízo, e não lucro.

Síntese

No capítulo anterior, vimos a parte contábil e os indicadores, os quais são importantes para avaliação do cenário atual da empresa. Nesse capítulo, você teve o primeiro contato com a análise de projetos de investimentos. A viabilidade está ligada a critérios econômicos, como a rentabilidade do investimento, a critérios financeiros, como a disponibilidade de recursos, e àqueles tratados como não mensuráveis, os critérios imponderáveis. Entre esses critérios, o econômico oferece subsídio matemático para ser determinado, como a TMA, o método do VAL e do VPL, o método da TIR, o método do tempo de retorno. Além disso, estudamos os investimentos de fluxo de caixa não constante, tempo variável, TMA variável e o efeito da inflação.

Questões para revisão

1. O setor de recepção de matéria-prima da Asa necessita de investimentos para aumentar a capacidade de encaixotamento de sapatos. A Alternativa I necessita de um desembolso inicial de R$ 200.000,00, que se traduzirá em lucros anuais de R$ 50.000,00 durante 8 anos. Por outro lado, na Alternativa II, um fornecedor afirma que, com

um desembolso inicial de R$ 300.000,00, seu equipamento garante lucros anuais de R$ 70.000,00 por 8 anos. Como diretor da Asa, você definiu a TMA de 10% ao ano, sendo que a TMA deve ter um aumento linear de 1% ao ano, ou seja, no Ano 1 a TMA será de 10%, no Ano 2, de 11%, e assim sucessivamente, até atingir 17% no ano 8. Qual é a melhor alternativa, considerando o método do VPL?

2. Refaça o exercício anterior, continuando com a TMA com variação linear, mas considerando uma previsão de inflação de 2% para o primeiro ano e com aumento linear de 0,5% ao ano, levando a 2,5% para o Ano 2, 3% para o Ano 3, e assim sucessivamente, até atingir 5,5% no Ano 8.

3. Assinale a alternativa que apresenta a afirmativa correta:

    a) O risco do investimento não deve ser considerado para definição da TMA.

    b) O melhor e mais completo método de análise é o do tempo de retorno.

    c) Apenas critérios econômicos são importantes na análise de investimentos.

    d) Uma alternativa usada para definição da TMA é a rentabilidade da caderneta de poupança.

4. Assinale a alternativa que apresenta a afirmativa correta:

    a) A TMA deve ser sempre constante, nunca deve mudar com o tempo.

    b) Investimentos com tempos distintos não podem nunca ser comparados.

    c) Para um investimento ser recomendado, a TIR deve ser menor do que a TMA.

    d) Na análise de investimentos, o fluxo de caixa pode apresentar valores variáveis.

5. Assinale a alternativa que apresenta a afirmativa correta:

   a) Os efeitos da inflação não devem ser considerados na análise de investimentos.
   b) Os efeitos da inflação não alteram a TIR.
   c) Pode-se comparar a TIR de diferentes alternativas de investimentos, mesmo que os investimentos iniciais sejam diferentes.
   d) A TIR é definida como a taxa de juros para a qual o VPL de um fluxo de caixa é nulo.

Questões para reflexão

1. Você acha importante considerar critérios imponderáveis na avaliação de projetos de investimento? Até que ponto a cor ou o tamanho de um equipamento pode influenciar em sua compra?

2. Quais critérios você levaria em conta para definir a TMA da sua empresa? Você consideraria o risco? Políticas públicas? Economia de outros países?

Saiba mais

PINTO, J. C.; LAGE, P. L. da C. **Métodos numéricos em problemas de engenharia química**. Rio de Janeiro: E-papers, 2001.

Consulte o livro de Pinto e Lage para conhecer outros métodos numéricos para a solução de equações algébricas não lineares, como as que são usadas para o cálculo da TIR do investimento.

BNDES – Banco Nacional do Desenvolvimento. Disponível em: <http://www.bndes.gov.br/SiteBNDES/bndes/bndes_pt>. Acesso em: 2 set. 2016.

Consulte a taxa de juros do Financiamento de Máquinas e Equipamentos (Finame), que é muitas vezes utilizada como TMA de empresas. Você encontrará esses valores no *site* do Banco Nacional do Desenvolvimento (BNDES), nas opções "Apoio Financeiro", "Produtos", "BNDES Finame".

Tópicos essenciais de projetos de investimentos 4

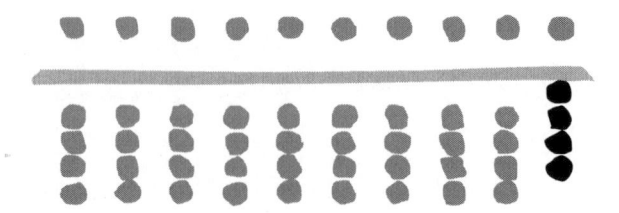

Conteúdos do capítulo:

- Conceito de substituição de equipamentos.
- Tópicos de análise de sensibilidade.
- Tópicos de análise de risco e incertezas.

Após o estudo deste capítulo, você será capaz de:

1. avaliar a substituição de equipamentos, com baixa sem reposição, substituição idêntica e não idêntica;
2. fazer estudos de análise de sensibilidade;
3. analisar fluxos de caixa em condições de incerteza e risco.

No capítulo anterior, você teve o primeiro contato com a análise de projetos de investimentos. No entanto, foram situações de fácil decisão. Como você é o gerente da Asa e quer que ela cresça a uma taxa mínima de atratividade (TMA) agressiva, é importante analisar situações mais complexas. Indo direto ao ponto, vamos analisar a substituição de equipamentos e verificar a influência de incertezas sobre os projetos. Assim, como diretor da Asa, você aprovaria a compra de um equipamento mais caro para reduzir os custos? Além disso, lembre-se de que até agora os valores dos fluxos de caixa são considerados corretos, mas não seria mais coerente fazer a análise considerando sua incerteza, uma vez que, por exemplo, as políticas governamentais podem ser alteradas?

4.1 Substituição de equipamentos

É natural do ser humano querer sempre o que há de mais moderno e atual. No entanto, você deve pensar muito antes de fazer a substituição de certo equipamento. Tudo bem, mas quando devemos fazer a substituição? Bom, vejamos algumas dicas a seguir:

- ampliação da capacidade de produção;
- danos irreversíveis;
- desgaste natural;
- obsolescência;
- falta de suporte e manutenção do fabricante;
- perda de produtividade;
- poluição sonora;
- acidentes.

Após se encaixar em algum desses tópicos, você deve analisar com cautela a substituição do equipamento, pois a decisão tomada é, na maior parte dos casos, irreversível, de baixíssima liquidez, além de exigir elevados investimentos. A pergunta que você precisa responder é: A redução de custos devido à substituição proposta compensa o investimento inicial?

A partir de agora, iremos analisar os principais tipos básicos de substituição de equipamentos. Antes, precisamos definir alguns conceitos sobre o tempo de vida do equipamento:

- **Vida útil** – Corresponde ao tempo em que o equipamento permanece funcionando, independentemente do custo para tal, ou seja, está relacionada à durabilidade.

- **Vida econômica** – Refere-se ao período de tempo de utilização do equipamento enquanto as receitas geradas somadas ao valor de venda são maiores ou iguais aos custos operacionais, podendo ser menor do que a vida útil.

4.1.1 Baixa sem reposição

Como diretor da Asa, você é atento ao mercado e observa que o futuro está relacionado a calçados que têm mais costuras e menos cola. Assim, o que fazer com as máquinas que usam cola? Não há alternativa senão vendê-las, independentemente do tempo de uso. Nesse caso, você observou que o equipamento será substituído antes mesmo de sua vida útil chegar ao fim. Além disso, não é mais interessante para os objetivos da empresa mantê-lo em funcionamento. Assim, faremos uma baixa sem reposição. No entanto, não devemos nos desfazer do ativo (equipamento) de uma hora para outra. É necessário avaliar o valor de venda (valor de mercado), os custos de operação e a receita gerada. Para essa avaliação, precisamos da técnica do valor presente. Como assim? Avaliamos o valor presente líquido (VPL) período a período, sendo que no final do último período, no qual o VPL é positivo, é que deve ser feita a venda do equipamento.

Exemplo 1

O engenheiro responsável pelo setor de automação da produção da Asa passa para você a Tabela 4.1, que apresenta os dados referentes à máquina de transporte de sapatos. Os custos de operação da máquina correspondem à manutenção, às peças de reposição e ao consumo de energia. A receita gerada é calculada a partir do número de pares de sapato transportados por hora. Considerando a TMA de 10%, quando você deve vender a máquina?

Tabela 4.1 – Dados de operação da máquina de transporte, em milhares de reais

Ano	Valor de compra/venda	Custo de operação	Receita gerada
0	500	–	–
1	450	100	500
2	400	150	400
3	300	200	250
4	150	250	200
5	100	300	100

Etapa 1) Análise do Ano 1

Precisamos montar o fluxo de caixa referente a cada período conforme os dados apresentados na Tabela 4.1. Assim, no Ano 1 há o investimento de R$ 500.000,00. Se a máquina for vendida, no fim haverá um resultado positivo de R$ 850.000,00, sendo R$ 450.000,00 da própria venda da máquina que foram somados aos R$ 500.000,00 de receita gerada e descontados R$ 100.000,00 de custos operacionais. Logo, temos o fluxo de caixa dado pela Figura 4.1.

Figura 4.1 – Fluxo de caixa da venda da máquina no Ano 1, em milhares de reais

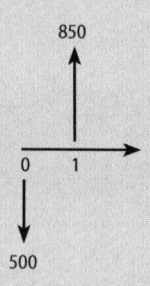

A partir desse fluxo de caixa, calculamos o VPL de R$ 272.700,00, logo, o equipamento não deve ser vendido após o Ano 1:

$$VPL_1 = \frac{850}{(1 + 0{,}1)} - 500 = 272{,}7$$

Etapa 2) Análise do Ano 2

Manter o equipamento funcionando no Ano 2 implica um investimento inicial de R$ 450.000,00 que levará a lucros de R$ 650.000,00 (R$ 400.000,00 da venda do equipamento, R$ 400.000,00 de receitas geradas e R$ 150.000,00 de custos operacionais). Logo, repetindo a análise da etapa anterior, você obtém o fluxo de caixa da Figura 4.2:

Figura 4.2 – Fluxo de caixa da venda da máquina no Ano 2, em milhares de reais

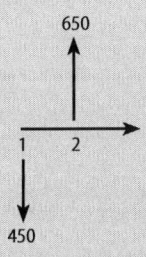

A partir desse fluxo de caixa, temos o VPL de R$ 140.900,00. O equipamento também não deve ser vendido após o Ano 2:

$$VPL_2 = \frac{650}{(1+0,1)} - 450 = 140,9$$

Etapa 3) Análise do Ano 3

Repetindo o procedimento, você pode montar o fluxo de caixa da Figura 4.3:

Figura 4.3 – Fluxo de caixa da venda da máquina no Ano 3, em milhares de reais

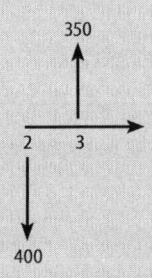

Novamente, calculamos o VPL, que é negativo em R$ 81.800,00.

Assim, o equipamento deve ser vendido no final do Ano 2:

$$VPL_3 = \frac{350}{(1+0,1)} - 400 = -81,8$$

4.1.2 Substituição idêntica

Diversos equipamentos de processos produtivos necessitam ser substituídos por idênticos para que o processo continue a operação prevista. Exemplos típicos são motores elétricos, veículos, sistemas de transporte. Assim, para a substituição idêntica, é importante você saber calcular qual é o intervalo ótimo para a substituição. Ou, colocando em outras palavras, precisamos saber qual é a vida econômica do equipamento, portanto, estamos de olho no período de utilização do equipamento enquanto as receitas geradas somadas ao valor de venda são maiores ou iguais aos custos operacionais. O que está escrito nas entrelinhas dessa definição? A TMA influencia a vida econômica, assim, um mesmo equipamento pode ter vida econômica distinta. Para essa análise, usaremos a recomendação de Adarlan (2000), sendo necessário obter o período para o qual o valor anual uniforme líquido (Vaul) é máximo, considerando o período inicial de aquisição do equipamento e cada período de sua vida útil.

A TMA influencia a vida econômica.

Exemplo 2

Considerando a TMA de 10% ao ano, calcule a vida econômica da máquina de transporte do exemplo anterior, de forma que ela possa ser substituída por outra idêntica.

Etapa 1) Cálculo do Vaul para 1 ano de operação

Inicialmente, deve ser montado o fluxo de caixa, que é igual ao da Figura 4.1. Assim, para o cálculo do Vaul (em milhares de reais), como há apenas um período, basta descontar as receitas do valor futuro do investimento à TMA, resultando em:

$$Vaul_1 = 850 - 500 \cdot (1 + 0,1) = 300$$

Etapa 2) Cálculo do Vaul para 2 anos de operação

Você deve montar o fluxo de caixa dado pela Figura 4.4. Assim, para o cálculo do Vaul, devemos calcular o VPL do fluxo de caixa à TMA e, em seguida, calcular o valor uniforme, em milhares de reais, usando a Equação 5, resultando em:

$$VPL_2 = \frac{400}{(1+0,1)} + \frac{650}{(1+0,1)^2} - 500 = 400,8$$

$$Vaul_2 = 400,8 \cdot \left[\frac{0,1 \cdot (1+0,1)^2}{(1+0,1)^2 - 1}\right] = 230,9$$

Figura 4.4 – Fluxo de caixa da venda da máquina após 2 anos, em milhares de reais

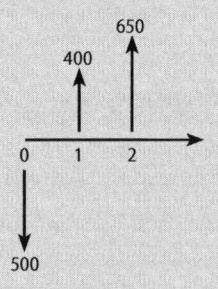

Etapa 3) Cálculo do Vaul para 3 anos de operação

Repetindo o procedimento, você obtém o fluxo de caixa indicado na Figura 4.5 e o Vaul aproximado de R$ 134.000,00.

$$VPL_3 = \frac{400}{(1+0,1)} + \frac{250}{(1+0,1)^2} + \frac{350}{(1+0,1)^3} - 500 = 333,2$$

$$Vaul_3 = 333,2 \cdot \left[\frac{0,1 \cdot (1+0,1)^3}{(1+0,1)^3 - 1} \right] = 134,0$$

Figura 4.5 – Fluxo de caixa da venda da máquina após 3 anos, em milhares de reais

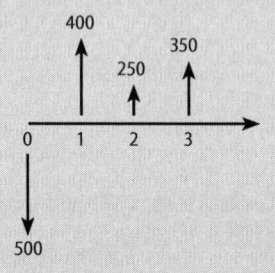

Etapa 4) Cálculo do Vaul para 4 anos de operação

Repetindo o procedimento, você obtém o fluxo de caixa indicado na Figura 4.6 e o Vaul de R$ 55.600,00:

$$VPL_4 = \frac{400}{(1+0,1)} + \frac{250}{(1+0,1)^2} + \frac{50}{(1+0,1)^3} + \frac{100}{(1+0,1)^4} - 500 = 176,1$$

$$Vaul_4 = 176,1 \cdot \left[\frac{0,1 \cdot (1+0,1)^4}{(1+0,1)^4 - 1} \right] = 55,6$$

Figura 4.6 – Fluxo de caixa da venda da máquina após 4 anos, em milhares de reais

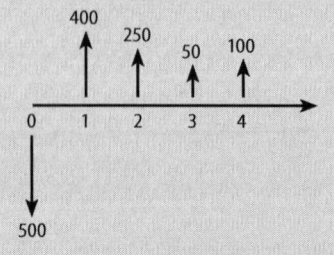

Etapa 5) Cálculo do Vaul para 5 anos de operação

Finalmente, você obtém o fluxo de caixa indicado na Figura 4.7 e o Vaul de R$ 3.060,00:

$$VPL_5 = \frac{400}{(1+0,1)} + \frac{250}{(1+0,1)^2} + \frac{50}{(1+0,1)^3} - \frac{50}{(1+0,1)^4} - \frac{100}{(1+0,1)^5} - 500 = 11,6$$

$$Vaul_5 = 11,6 \cdot \left[\frac{0,1 \cdot (1+0,1)^5}{(1+0,1)^5 - 1}\right] = 3,06$$

Figura 4.7 – Fluxo de caixa da venda da máquina após 5 anos, em milhares de reais

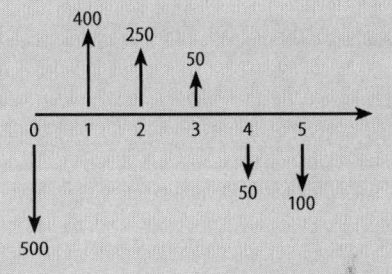

Etapa 6) Análise final

Comparando os Vauls, concluímos que a vida econômica é de apenas um ano, provavelmente devido aos baixos custos operacionais no início e à elevada receita. Assim, a cada ano deve ser feita a substituição do sistema de transporte, mas isso pode comprometer o funcionamento do processo. Você consegue enxergar alguma saída para esse impasse?

4.1.3 Substituição não idêntica

Há situações nas quais precisamos fazer substituições não idênticas. Isso significa que faremos a substituição do equipamento existente por outro que atingirá os mesmos objetivos, no entanto, possuindo características distintas. Para esse tipo de análise, precisamos, inicialmente, obter a vida econômica dos equipamentos e considerar cada alternativa separadamente. Sendo objetivos, precisamos comparar o Vaul de cada alternativa.

Exemplo 3

O vendedor da empresa Belt apresenta a você um sistema de transporte que custa R$ 700.000,00 e apresenta as seguintes características (**n** é o período de uso):

- custos operacionais, em milhares de reais, de $50 + 2n$;
- receitas geradas, em milhares de reais, de $550/n$;
- valor de revenda, em milhares de reais, de $500/n$;
- vida útil de 9 anos.

Considerando a TMA de 10% ao ano, determine se o equipamento existente (descrito no Exemplo 2) deve ser substituído.

Etapa 1) Cálculo do Vaul do equipamento existente

Dos resultados do Exemplo 2, você conclui que, para o sistema atual, o Vaul é de R$ 300.000 e a vida econômica é de 1 ano.

Etapa 2) Cálculo do Vaul do equipamento da empresa Belt

Para obter esse valor, precisamos determinar a vida econômica do transportador da Belt. A partir dos dados fornecidos, você deve usar o mesmo procedimento descrito no Exemplo 2. O VPL e o Vaul, em milhares de reais, podem ser obtidos a partir das expressões a seguir (fica como sugestão você montar o fluxo de caixa).

$$VPL_n = \left[\left[\frac{500}{n} \cdot \frac{1}{(1+0,1)^n}\right] + \sum_{k=1}^{n} \frac{550/k}{(1+0,1)^k}\right] - \left[700 + \sum_{k=1}^{n} \frac{50 + 2 \cdot k}{(1+0,1)^k}\right]$$

$$VPL_n = \left[\begin{bmatrix}\text{Valor de}\\\text{revenda}\end{bmatrix} + \begin{bmatrix}\text{Receitas}\\\text{geradas}\end{bmatrix}\right] - \left[\begin{bmatrix}\text{Investimento}\\\text{inicial}\end{bmatrix} + \begin{bmatrix}\text{Custos}\\\text{operacionais}\end{bmatrix}\right]$$

$$Vaul_n = VPL_n \cdot \left[\frac{i \cdot (1+i)^n}{(1+i)^n - 1}\right]$$

A Figura 4.8 mostra a variação do Vaul em função do período **n**. Assim, observamos que o maior valor ocorre para n = 1, que é de R$ 228.000,00, sendo, portanto, esse o valor da vida econômica do sistema Belt.

Figura 4.8 – Variação do Vaul, em milhares de reais

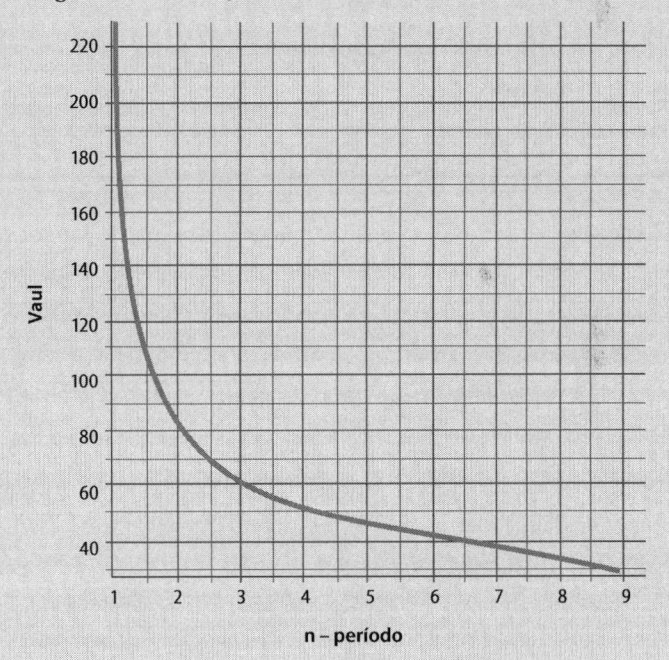

Veja que o Vaul do equipamento da Belt é aproximadamente R$ 72.000,00 menor do que o sistema atual. Logo, concluímos que o sistema atual deve ser mantido por apresentar maior Vaul ou menores custos anuais de operação.

4.1.4 Substituição considerando avanço tecnológico

Por acaso não há evolução e aprimoramento nos equipamentos? Claro que há, senão ainda estaríamos morando em cavernas e escrevendo em paredes. Assim, para que as análises de substituição sejam mais realistas, você deve levar em conta os avanços tecnológicos, principalmente no que diz respeito à redução de custos e aumento de eficiência dos equipamentos, ou seja, sempre estar de olho no Vaul e na vida econômica. Por exemplo: para o sistema de distribuição de produtos da Asa, ao analisar a substituição dos veículos, você deve considerar que, com o passar dos anos, os veículos novos tendem a ser mais econômicos no consumo de combustível. Dessa forma, precisamos do conceito de vida econômica, mas a substituição não será mais idêntica.

4.2 Análise de sensibilidade

Como você viu até agora, os valores dos fluxos de caixa são considerados corretos. Será sempre assim? É claro que não. Todos os valores apresentam uma incerteza, ou seja, o valor que está no fluxo de caixa é o mais provável de ser o verdadeiro. Mas e se o valor verdadeiro for um pouco maior ou um pouco menor? Todas as conclusões a que você chegou podem estar equivocadas. E aí, como fazer? Lembre-se de que você é o responsável pela Asa. A primeira dica é fazer uma análise de sensibilidade. O que é isso? Bastante simples e interessante: vamos aumentar e reduzir os valores das variáveis do problema e ver qual é o impacto sobre o resultado final. O valor a ser aumentado depende do caso em estudo, mas, como sugestão, começamos com 10%, que pode passar a 20% e assim por diante. Dessa forma, podemos identificar a variável mais sensível e redobrarmos os esforços para que ela tenha o valor mais correto possível. Vamos colocar em prática nossos conhecimentos.

Exemplo 4

O Banco Fly voltou a procurá-lo propondo novamente a aplicação de R$ 100.000,00 de forma a receber 3 parcelas iguais de R$ 40.000,00, mas dessa vez sem ganhos pelo dólar e sem a influência da inflação. No entanto, o banco informa que o valor das parcelas pode sofrer variações positivas ou negativas de até 20% conforme o cenário político. Faça uma análise de sensibilidade e calcule a taxa interna de retorno (TIR) em cada caso. Considerando a TMA em 10%, o que você pode concluir?

Etapa 1) Fluxo de caixa básico

Nesta etapa, vamos representar o fluxo de caixa considerando apenas os valores de juros embutidos, ou seja, apenas as 3 parcelas mencionadas no enunciado do exercício, valores indicados pela Figura 4.9.

Figura 4.9 – Fluxo de caixa básico do Exemplo 4, em milhares de reais

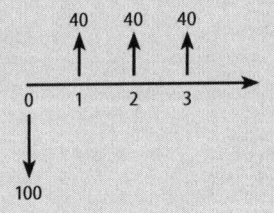

Vamos calcular a TIR para o investimento original:

$$TIR_{original} \rightarrow \left[\frac{40}{(1+i)} + \frac{40}{(1+i)^2} + \frac{40}{(1+i)^3}\right] = 100 \rightarrow TIR_{original} \cong 9,7\%$$

Etapa 2) Análise do fluxo de caixa com variações negativas

Nesta etapa, vamos representar o fluxo de caixa considerando variações negativas de 10% e 20% em cada uma das parcelas, sendo dado pela Figura 4.10.

Figura 4.10 – Fluxos de caixa com variações negativas, em milhares de reais

Variação negativa –10%

36 36 36
↑   ↑   ↑
0   1   2   3
↓
100

Variação negativa –20%

32 32 32
↑   ↑   ↑
0   1   2   3
↓
100

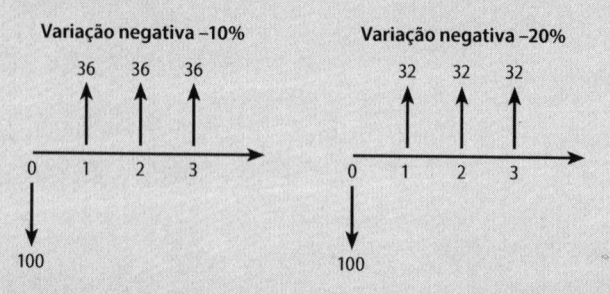

Agora, podemos calcular a TIR para cada caso, como você pode ver a seguir:

$$TIR_{-10\%} \rightarrow \left[\frac{36}{(1+i)} + \frac{36}{(1+i)^2} + \frac{36}{(1+i)^3}\right] = 100 \rightarrow TIR_{-10\%} \cong +3,9\%$$

$$TIR_{-20\%} \rightarrow \left[\frac{32}{(1+i)} + \frac{32}{(1+i)^2} + \frac{32}{(1+i)^3}\right] = 100 \rightarrow TIR_{-20\%} \cong -2,0\%$$

Etapa 3) Análise do fluxo de caixa com variações positivas

Vamos representar o fluxo de caixa considerando variações positivas de 10% e 20% em cada uma das parcelas, como você pode ver na Figura 4.11:

Figura 4.11 – Fluxos de caixa com variações positivas, em milhares de reais

Variação negativa +10%

44 44 44
↑   ↑   ↑
0   1   2   3
↓
100

Variação negativa +20%

48 48 48
↑   ↑   ↑
0   1   2   3
↓
100

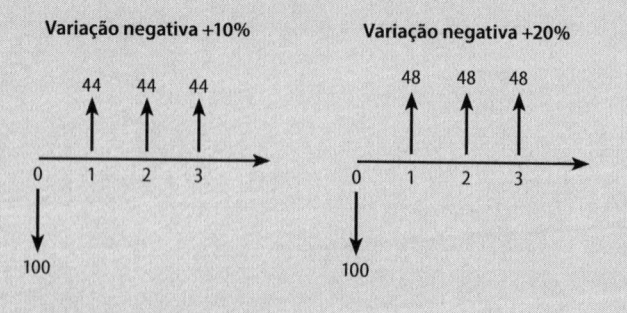

Agora, podemos calcular a TIR para cada caso, como você pode ver a seguir.

$$TIR_{+10\%} \rightarrow \left[\frac{44}{(1+i)} + \frac{44}{(1+i)^2} + \frac{44}{(1+i)^3}\right] = 100 \rightarrow TIR_{+10\%} \cong 15,3\%$$

$$TIR_{+20\%} \rightarrow \left[\frac{48}{(1+i)} + \frac{48}{(1+i)^2} + \frac{48}{(1+i)^3}\right] = 100 \rightarrow TIR_{+20\%} \cong 20,7\%$$

Etapa 4) Análise final

A Tabela 4.2 apresenta a TIR, a variação em relação ao lucro originalmente proposto e o lucro utilizado nos cálculos. Mesmo que não haja variações, a proposta do Banco Fly não é atrativa, pois a TIR é inferior à TMA. Observe que qualquer instabilidade política que leve a reduções de 10% nas parcelas leva a TIR a apenas 4%. Assim, o investimento pode ser considerado de risco médio a elevado. No entanto, se você definir uma TMA de 3% para a Asa, o risco do investimento cai consideravelmente, pois mesmo com 10% de redução dos lucros ainda temos a TIR de 4%. Logo, como diretor da Asa, você deve pressionar o Banco Fly para que as variações sejam no máximo de 10% nos valores das parcelas.

Tabela 4.2 – Resumo da análise de sensibilidade

Valor das parcelas – Lucro (milhares de reais)	Variação (%)	TIR (%)
32	−20	−2
36	−10	3,9
40	0	9,7
44	+10	15,3
48	+20	20,7

Nem sempre uma resposta única é válida; precisamos ver o que há nas redondezas. Nunca se esqueça da TMA.

Você observou que modificamos apenas uma variável de cada vez. No entanto, as análises podem ser aceleradas, mudando mais de uma variável. Para tanto, você deve usar técnicas de planejamento de experimentos tipo fatorial. Essa análise foge ao escopo deste livro, mas você pode ver mais detalhes em Barros Neto, Scarminio e Bruns (2007).

4.3 Análise de incertezas

O método de análise de sensibilidade é uma ferramenta muito boa para que você tenha uma noção do que está acontecendo e de como as variáveis influenciam o problema. Precisamos, agora, analisar situações de risco mais complexas, considerando, por exemplo, a variação de cada parcela. O que de fato pode ocorrer, por exemplo, na indústria de produtos sazonais, como indústrias de sorvete ou usinas de açúcar e álcool? Você pode pensar no lucro como uma distribuição estatística, como mostra a Figura 4.12, na qual você observa, no eixo horizontal, os valores possíveis para os lucros e, no eixo vertical, a probabilidade de o valor acontecer. Dessa forma, você precisa lembrar que os lucros têm um valor (**L**), com maior probabilidade de ocorrer, de ser verdadeiro. Mas pode ser um pouco maior ou menor, sendo que nesse caso as probabilidades de ocorrerem são menores, como você pode ver nas probabilidades de $L_{mín}$ e $L_{máx}$.

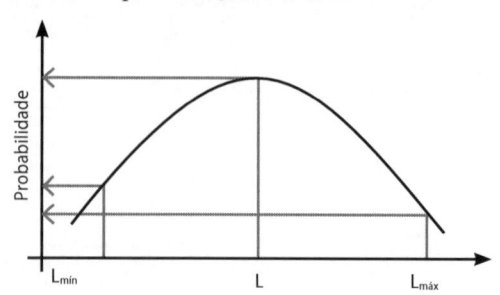

Figura 4.12 – Representação estatística do lucro

Ao se lembrar dos conceitos básicos de estatística, você sabe que a distribuição representada pela Figura 4.12 pode ser de diferentes tipos, mas a consideraremos uma distribuição normal (Barros Neto; Scarminio; Bruns, 2007). Nesse caso, o valor mais provável, **L**, é considerado o valor médio da distribuição, o qual pode ser representado por µ. A curva pode ser mais aberta ou mais fechada, conforme os valores $L_{mín}$ e $L_{máx}$. Essa dispersão dos valores pode ser calculada pela variância, representada por σ_2 (lembre-se de que a raiz quadrada da variância é o desvio-padrão, σ). Portanto, a distribuição normal que você vê na Figura 4.13 é descrita pela Equação 17. Essa distribuição está normalizada, ou seja, a área abaixo da curva é igual a 1 e está centralizada em 0, pois em **x** = µ está situado o pico da distribuição.

$$f(x) = \frac{1}{\sigma \cdot \sqrt{2 \cdot \pi}} \cdot \exp\left(\frac{-(x-\mu)^2}{\sigma^2}\right)$$ Equação 17

Figura 4.13 – Representação da curva normal

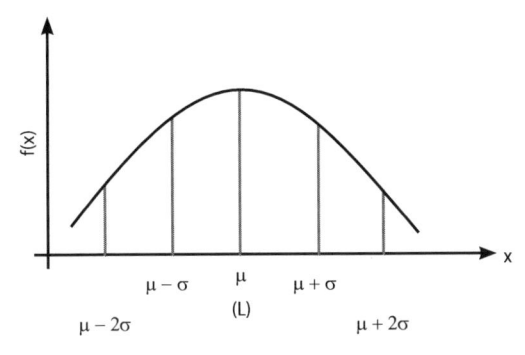

Há sempre um valor mais provável para o lucro.

Precisamos, ainda, lembrar da composição de distribuições. Assim, a soma ponderada de **k** (**k** = 1 ... **n**) valores descritos por distribuições distintas de média µ**k** e variância σ_k^2 resulta no valor **y**:

$$y = \sum_{k=1}^{n} a_k \cdot x_k \quad \text{Equação 18}$$

Podemos provar que y é também descrito pela distribuição com média μF e variância σ_y^2, dados por:

$$\mu_y = \sum_{k=1}^{n} a_k \cdot \mu_k \quad \text{Equação 19}$$

$$\sigma_y^2 = \sum_{k=1}^{n} a_k^2 \cdot \sigma_k^2 + 2 \cdot \left[\sum_{k=1}^{n} \sum_{p=k+1}^{n} a_k \cdot a_p \cdot \sigma_k \cdot \sigma_p \cdot r\left(x_k; x_p\right) \right] \quad \text{Equação 20}$$

O termo $r(x_k; x_p)$ é o termo de correlação entre os dados das distribuições **k** e **p**.

Não se esqueça de que nosso objetivo é analisar cenários com incertezas. Assim, no fluxo de caixa dado pela Figura 4.14 todos os lucros L_k (i = 1,..., n) são descritos por uma distribuição normal, como vimos anteriormente.

Figura 4.14 – Fluxo de caixa de um investimento

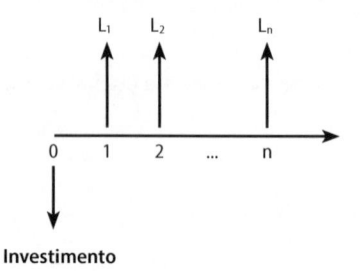

Se você olhar com olhos de quem quer ver, enxerga que o Valor Presente (VP) também é uma distribuição normal formada pela soma dos lucros, mas ponderada pelo termo $1/(1+i)^k$. Veja a Equação 21:

$$VP = \sum_{k=1}^{n} \frac{L_k}{(1+i)^k} \quad \text{Equação 21}$$

Usando as Equações 19 e 20, podemos obter a média e a variância da distribuição que descreve o VP. Mas para que tudo isso? Para que possamos utilizar testes de hipótese e saber a probabilidade de o VP obtido pela composição das distribuições ser maior do que o investimento inicial. Prepare-se para a melhor notícia: essa probabilidade é exatamente a mesma probabilidade da TIR ser maior que a TMA. Assim, podemos calcular a probabilidade de o investimento de fato ser atrativo.

Mesmo que a TIR seja maior do que a TMA, você deve analisar a probabilidade de que isso realmente ocorra.

Para testar a hipótese de o valor presente ser maior que o investimento, é necessário o parâmetro **R**:

$$R = \frac{\text{Investimento} - \text{VP}}{\sigma_{vp}} \quad \text{Equação 22}$$

Esse parâmetro é colocado no eixo horizontal da curva normalizada e calcula-se a área abaixo da curva, como mostra a Figura 4.15. Lembre-se de que a área abaixo da curva é a probabilidade de o VP ser maior do que o investimento. A Tabela 4.3 apresenta valores das áreas de acordo com o parâmetro R.

Figura 4.15 – Forma de uso da distribuição

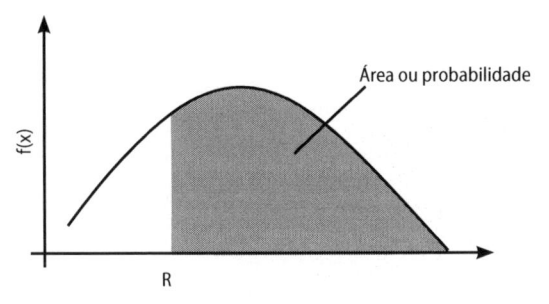

Tabela 4.3 – Valores de área ou probabilidade para diferentes valores de R

R	-3	-2,5	-2	-1,5	-1	-0,5	0,0
Probabilidade (%)	99,9	99,2	97,7	93,3	84,1	69,2	50
R	0,0	0,5	1	1,5	2	2,5	3
Probabilidade (%)	50,0	30,8	15,9	6,7	2,3	0,8	0,1

Exemplo 5

O Banco Fly voltou a procurá-lo propondo novamente a aplicação de R$ 100.000,00 de forma que você receba 3 parcelas iguais de R$ 40.000,00, continuando sem ganhos pelo dólar e sem a influência da inflação. Todavia, o banco informa que as parcelas são descritas por distribuições estatísticas normais. A média de cada distribuição é igual ao lucro prometido, nesse caso, R$ 40.000,00. No entanto, os desvios-padrão das distribuições são, respectivamente, de R$ 4.000, R$ 500, R$ 8.000,00 para as parcelas de número 1, 2, 3. Considerando a TMA em 5% ao ano, o que você pode concluir? E se a TMA for de 10%?

Etapa 1) Fluxo de caixa básico e TIR

Na Figura 4.9, você pode ver o fluxo de caixa referente às parcelas. Na Tabela 4.2, você observa que a TIR do investimento é de 9,7%.

Etapa 2) Análise das distribuições

Na Tabela 4.4, você obtém os valores das distribuições referentes a cada parcela, para que seja possível calcular a distribuição referente ao VP.

Tabela 4.4 – Análise das distribuições estatísticas de cada parcela

Parcela	Média μ	Desvio-padrão, em milhares de reais σ	Variância, em (milhares de reais)² σ²
1	40.000	4.000	16.000.000
2	40.000	500	250.000
3	40.000	8.000	64.000.000

Etapa 3) Cálculo do valor presente esperado (média)

Para esse cálculo, reveja da Equação 18 até a Equação 21. Considerando a TMA de 5%, o valor presente esperado, em milhares de reais, é:

$$VP = \frac{40}{(1+0,5)} + \frac{40}{(1+0,5)^2} + \frac{40}{(1+0,5)^3} = 108,9$$

Etapa 4) Cálculo da variância do valor presente esperado

Lembre-se de que o valor presente esperado é a média de uma distribuição e que precisamos calcular sua variância. Agora vem uma análise extremamente importante: se as parcelas foram independentes, ou seja, não sofreram nenhuma influência, o termo de covariâncias é igual a zero, o que simplifica muito a análise. Entretanto, tenha em mente que nem sempre isso é válido. Assim, com a Equação 20, calculamos a variância e o desvio-padrão do VP esperado:

$$\sigma_{VP}^2 = \frac{16.000.000}{\left[(1+0,05)\right]^2} + \frac{250.000}{\left[(1+0,05)^2\right]^2} + \frac{64.000.000}{\left[(1+0,05)^3\right]^2} = 62.475.932$$

Etapa 5) Realização do teste de hipóteses

A hipótese a ser provada é de que Investimento > VP. Assim, precisamos calcular o parâmetro R, conforme a Equação 22.

$$R = \frac{\text{Investimento} - VP}{\sigma_{VP}} = \frac{100.000 - 108.900}{7.904} = -1,13$$

Com o valor de **R**, você pode consultar a Tabela 4.3 e, por interpolação linear, obter um valor aproximado de 87%. Esse valor significa que a TIR tem 87% de probabilidade de se manter acima da TMA. Por quê? Lembre-se de que o valor dos lucros não é R$ 40.000,00, pois ele pode ser esse valor, como também pode ser maior ou menor.

Etapa 6) Refazendo o exemplo para a TMA de 10%

Com base no procedimento anterior, para a TMA de 10% resulta o VP de R$ 99.500; $\sigma_{VP}^2 = 49.520.932$; $\sigma_{VP} = 7.037$. Dessa forma, o valor de R é dado por:

$$R = \frac{\text{Investimento} - VP}{\sigma_{VP}} = \frac{100.000 - 99.500}{7.037} = +0,071$$

A partir da Tabela 4.3, obtém-se um valor aproximado de 46%. Esse valor significa que a TIR tem 46% de probabilidade de se manter acima da TMA. Veja que a TIR é de 9,7%, e a TMA, de 10%. Ainda assim, o investimento pode vir a ser viável. Mas a chance de isso ocorrer é de 46%, então esse investimento é bastante arriscado.

> Parcela atual pode ou não influenciar parcelas futuras.

Síntese

O Capítulo 3 pode ser visto com um pré-requisito, pois nele aprendemos os aspectos básicos da análise de projetos de investimentos. Neste capítulo, você teve contato com tópicos mais avançados sobre esse mesmo tema. A substituição de equipamentos pode ser uma baixa sem reposição, uma substituição idêntica ou não idêntica, mas, para uma análise mais realista, deve ser considerado o avanço tecnológico existente, que leva a custos operacionais cada vez menores. Durante a análise de projetos, é importante que você verifique qual(is) é(são) a(s) variável(is) que mais influencia(m) os critérios econômicos. Para tanto, você deve usar as técnicas de análise de sensibilidade. Finalmente, você deve estar atento ao fato de que os lucros prometidos apresentam um erro, podendo ser maiores ou menores do que o previsto. Assim, apesar de os critérios serem matematicamente satisfeitos, você deve verificar qual a probabilidade de isso realmente ocorrer. Logo, não se esqueça da técnica de análise de risco que você aprendeu.

Questões para revisão

1. O Banco Fly voltou a procurá-lo propondo novamente a aplicação de R$ 100.000,00 de forma a receber 3 parcelas iguais de R$ 40.000,00, continuando sem ganhos pelo dólar e sem a influência da inflação. Todavia, o banco informa que as parcelas são descritas por distribuições estatísticas normais. A média de cada distribuição é igual ao lucro prometido, nesse caso, R$ 40.000,00. No entanto, os desvios-padrão das distribuições são, respectivamente, de R$ 4.000,00, R$ 500,00 e R$ 8.000,00 para as parcelas de número 1, 2, 3. Considerando a TMA em 5% no Ano 1, 7% no Ano 2 e 10% no Ano 3, o que você pode concluir?

2. Defina *análise de sensibilidade*.

3. Qual dos equipamentos a seguir apresenta necessidade de substituição?
    a) Equipamento com produtividade elevada.
    b) Equipamento com problemas ergonômicos para o operador.
    c) Equipamento com baixíssima poluição sonora.
    d) Equipamento recém-adquirido.

4. Assinale a alternativa que apresenta a afirmativa correta:

a) Para estudos de substituição idêntica, é recomendado usar o método VPL.

b) A análise de sensibilidade pode ser feita em mais de uma variável.

c) Somente é possível analisar substituição de equipamentos idênticos.

d) Para estudos de baixa sem reposição, é recomendado usar o método Vaul.

5. Assinale a alternativa que apresenta a afirmativa **incorreta**:

a) Na análise de riscos, é considerada uma possível flutuação dos valores do fluxo de caixa.

b) Na vida econômica, os custos e as despesas do equipamento são maiores que as receitas por ele geradas.

c) Vida útil é o tempo que o equipamento permanece funcionando.

d) Vida útil e vida econômica nunca podem ser numericamente iguais.

Questões para reflexão

1. Qual é a importância de uma análise de sensibilidade? Não seria importante saber o que ocorreria se a TMA sofresse alguma alteração?

2. Alterando o tipo de distribuições estatísticas que representa o lucro na análise de risco, ocorrerá alguma mudança nos resultados? Na distribuição normal, as probabilidades de o lucro real ser maior ou menor do que a média (valor esperado) são iguais. E se a probabilidade de o lucro real ser maior do que a média fosse maior que a probabilidade de o lucro ser menor que a média?

Saiba mais

DANTAS, C. A. B. **Probabilidade**: um curso introdutório. 2. ed. 1. reimp. São Paulo: Edusp, 2004. (Acadêmica, v. 10).

Na substituição de equipamentos, a quebra pode ocorrer antes do término da vida útil e da vida econômica. Assim, para maiores detalhes sobre estudos básicos de probabilidade que envolvem a substituição de equipamentos, consulte o livro indicado de Dantas.

Financiamentos e investimentos 5

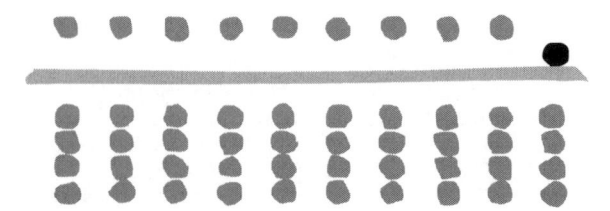

Conteúdos do capítulo:

- Avaliação de projetos de investimentos com financiamentos.
- Fontes de financiamento de bens e capital de giro.
- Alternativas de investimento.

Após o estudo deste capítulo, você será capaz de:

1. montar fluxos de caixa de projetos de investimento usando as demonstrações contábeis;
2. avaliar a influência de financiamentos sobre critérios de análise do projeto;
3. saber onde e como financiar bens, equipamentos e capital de giro;
4. saber onde e como fazer investimentos.

𝓜uitas vezes, o projeto pode satisfazer ao critério econômico, ou seja, ser mais rentável que a TMA. Mas e se não tivermos a quantia necessária para o desembolso inicial? Uma alternativa é levantar o capital necessário junto aos acionistas. Uma segunda opção é obter o capital a partir de mutações no patrimônio líquido (veja a seção "Demonstração das Mutações do Patrimônio Líquido", do Capítulo 2). No entanto, dependendo da quantidade, não temos o que fazer senão recorrer a um empréstimo bancário. No entanto, se você se lembrar, temos de pagar juros e precisamos escolher um sistema de amortização (veja a seção "Sistemas de amortização de dívidas", do Capítulo 1).

5.1 Análise de projetos com financiamento

Vamos iniciar considerando a análise de um projeto de expansão da Asa, para que possamos avaliar os critérios econômicos e financeiros. Lembre-se: somente após isso é que devemos nos preocupar com o financiamento.

Exemplo 1

Devido ao sucesso de sua gestão, a Asa precisará aumentar a produção da empresa. Para que isso seja feito, será necessário um investimento de R$ 900.000,00 em equipamentos. Além disso, será necessário mais R$ 100.000,00 de capital de giro. Os equipamentos terão custos diretos de produção de R$ 300.000,00/ano, custos indiretos de R$ 10.000,00/ano. As espesas (gerais e fixas) serão de R$ 80.000,00/ano. Estudos do fornecedor indicam uma depreciação de 10% ao ano por 10 anos. As receitas líquidas adicionais decorrentes da expansão giram em torno de R$ 750.000,00/ano, há incidência de Imposto de Renda (IR) de 35% e a vida útil dos equipamentos é de 15 anos, após a qual podem valer R$ 10.000,00 (resíduo). O projeto é vantajoso se a TMA for de 10%?

Etapa 1) Análise do fluxo de caixa

Até agora, tínhamos o resultado final de cada período do fluxo de caixa já calculado. Nesse exercício, precisamos obter esses valores, para só então termos o fluxo de caixa. Para isso, reveja o Capítulo 2, mais especificamente o assunto sobre a Demonstração do Resultado do Exercício (DRE), e acompanhe a Tabela 5.1. Lembre-se de que a depreciação não é um desembolso, logo, você deve acrescentar esse valor ao lucro após o IR para obter o saldo final. Veja o fluxo de caixa na Figura 5.1.

Tabela 5.1 – Operações referentes à instalação dos equipamentos, em milhares de reais

Descrição	Período			
	0	1-10	11-14	15
Investimento inicial	(900) (100)	–	–	–
Resíduo	–	–	–	10
Receita líquida	–	750	750	750
Custos diretos de produção	–	(300)	(300)	(300)
Custos indiretos de produção	–	(10)	(10)	(10)
Lucro bruto	–	440	440	440
Despesas operacionais	–	(80)	(80)	(80)
Depreciação	–	(90)	–	–
Lucro antes do IR	–	270	360	360
IR (Alíquota 35%)	–	(94,5)	(126)	(126)
Lucro após o IR	–	175,5	234	234
Depreciação	–	90	–	–
Saldo final	(1000)	265,5	234	244

Figura 5.1 – Fluxo de caixa, em milhares de reais

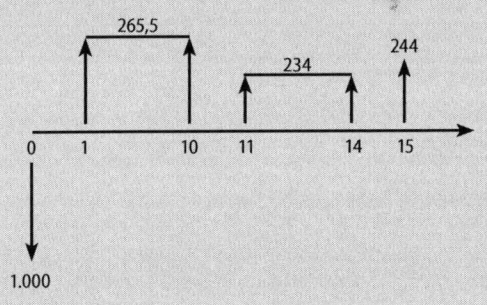

Etapa 2) Cálculo do VPL

A partir do fluxo de caixa visto, você calcula o valor presente líquido (VPL) positivo de R$ 975.800,00, o que satisfaz ao critério econômico:

$$VPL = \left[\sum_{k=1}^{10} \frac{265,5}{(1+0,1)^k} + \sum_{p=11}^{14} \frac{234}{(1+0,1)^p} + \frac{244}{(1+0,1)^{15}} \right] - 1000 = 975,8$$

Etapa 3) Cálculo da TIR

A taxa interna de retorno (TIR) do projeto é de aproximadamente 25,5% e pode ser obtida a partir da expressão a seguir. Logo, como a TIR também é maior que a taxa mínima de atratividade (TMA), o projeto continua sendo vantajoso, assim, não perca tempo e faça o investimento.

$$\left[\sum_{k=1}^{10} \frac{265,5}{(1+i)^k} + \sum_{p=11}^{14} \frac{234}{(1+i)^p} + \frac{244}{(1+i)^{15}} \right] = 1000 \rightarrow i = 0,2545$$

No entanto, surge a seguinte dúvida: Se a Asa não tiver capital próprio para efetuar o financiamento? Você deve solicitar um empréstimo bancário. Assim, você deve se lembrar dos conceitos de sistemas de amortização para calcular os juros. Não se esqueça de que esses juros são despesas financeiras, logo, devem ser contabilizados na DRE.

Exemplo 2

Agora, suponha que a Asa dispõe apenas da metade do capital necessário para o investimento. Os R$ 500.000,00 restantes deverão ser emprestados junto a um banco, que cobrará taxa de juros efetiva de 2% ao ano, sendo o tempo de financiamento de 5 anos pelo **sistema de amortização constante** (SAC). O projeto continua atrativo, considerando uma TMA de 10%?

Etapa 1) Cálculo dos juros e amortização do financiamento

Inicialmente, você deve montar a tabela de financiamento para obter a amortização e os juros, além de saber o valor das parcelas. Assim, recorde a Tabela 1.2, que apresenta o formulário para o SAC. Para o financiamento desse exercício, os resultados estão na Tabela 5.2:

Tabela 5.2 – Tabela do sistema SAC, em milhares de reais

Período k	Amortização A_k	Juros J_k	Prestação P_k	Saldo devedor S_k
0	–	–	–	500
1	100	10	110	400
2	100	8	108	300
3	100	6	106	200
4	100	4	104	100
5	100	2	102	0

Etapa 2) Análise do fluxo de caixa

Lembre-se de que a DRE (veja o Capítulo 2) consideram os juros e a amortização do financiamento. Acompanhe com atenção a Tabela 5.2 e atente para o fato de a amortização ser descontada apenas depois do lucro após o IR. Veja, também, que o financiamento é abatido do investimento inicial, uma vez que será amortizado nos 5 primeiros períodos. Veja o fluxo de caixa na Figura 5.2:

Figura 5.2 – Fluxo de caixa, em milhares de reais

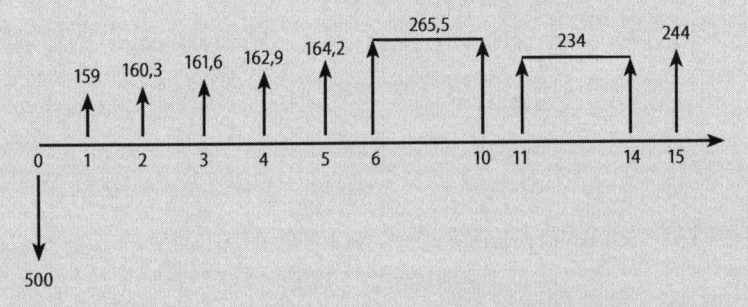

Tabela 5.3 – Operações referentes à instalação dos equipamentos

Descrição	Período								
	0	1	2	3	4	5	6-10	11-14	15
Investimento inicial	(900) (100)	–	–	–	–	–	–	–	–
Resíduo	–	–	–	–	–	–	–	–	10
Financiamento	500								
Receita líquida	–	750	750	750	750	750	750	750	750
Custos diretos de produção	–	(300)	(300)	(300)	(300)	(300)	(300)	(300)	(300)
Custos indiretos de produção	–	(10)	(10)	(10)	(10)	(10)	(10)	(10)	(10)
Lucro bruto	–	440	440	440	440	440	440	440	440
Despesas operacionais	–	(80)	(80)	(80)	(80)	(80)	(80)	(80)	(80)
Depreciação	–	(90)	(90)	(90)	(90)	(90)	(90)	–	–
Despesas financeiras (juros)	–	(10)	(8)	(6)	(4)	(2)	–	–	–
Lucro antes do IR	–	260	262	264	266	268	270	360	360
IR (Alíquota 35%)	–	(91)	(91,7)	(92,4)	(93,1)	(93,8)	(94,5)	(126)	(126)
Lucro após o IR	–	169	170,3	171,6	172,9	174,2	175,5	234	234
Depreciação	–	90	90	90	90	90	90	–	–
Amortização do financiamento		(100)	(100)	(100)	(100)	(100)	–		
Saldo final	(500)	159	160,3	161,6	162,9	164,2	265,5	234	244

Etapa 3) Cálculo do VPL

Com base no fluxo de caixa mostrado, você calcula o VPL positivo de R$ 1.081.000,00, o que satisfaz ao critério econômico.

$$VPL = \left[\frac{159}{(1+0,1)} + \frac{160,3}{(1+0,1)^2} + \frac{161,6}{(1+0,1)^3} + \frac{162,9}{(1+0,1)^4} + \frac{164,2}{(1+0,1)^5} + \sum_{k=6}^{10} \frac{265,5}{(1+0,1)^k} + \sum_{p=11}^{14} \frac{234}{(1+0,1)^p} + \frac{244}{(1+0,1)^{15}} \right] - 500 = 1.081,0$$

Etapa 4) Cálculo da TIR

A TIR do projeto é de aproximadamente 35,9% e pode ser obtida a partir da expressão a seguir.

$$\left[\frac{159}{(1+i)} + \frac{160,3}{(1+i)^2} + \frac{161,6}{(1+i)^3} + \frac{162,9}{(1+i)^4} + \frac{164,2}{(1+i)^5} + \right.$$

$$\left. + \sum_{k=6}^{10} \frac{265,5}{(1+i)^k} + \sum_{p=11}^{14} \frac{234}{(1+i)^p} + \frac{244}{(1+i)^{15}}\right] = 500 \to i = 35,9\%$$

No entanto, essa taxa deve ser interpretada com cautela, tendo em vista a diferença dos valores quando não houve o financiamento. Dessa forma, sugerimos que você consulte o artigo *Taxa interna de retorno: controvérsias e interpretações* (Barbieri; Álvares; Machline, 2007), que aborda a filosofia do conceito de TIR.

Logo, como a TIR também é maior do que a TMA, o projeto continua sendo vantajoso; assim, não perca tempo e faça o investimento. No entanto, se você se lembrar dos resultados do Exemplo 23, verá que o financiamento aumentou a atratividade e a TIR do investimento. Logo, observe que um financiamento, a baixas taxas de juros, pode ser saudável para uma empresa.

$$\left[\frac{159}{(1+i)} + \frac{160,3}{(1+i)^2} + \frac{161,6}{(1+i)^3} + \frac{162,9}{(1+i)^4} + \frac{164,2}{(1+i)^5} + \right.$$

$$\left. + \sum_{k=6}^{10} \frac{265,5}{(1+i)^k} + \sum_{p=11}^{14} \frac{234}{(1+i)^p} + \frac{244}{(1+i)^{15}}\right] = 500 \to i = 35,9\%$$

5.2 Fontes de financiamento

O Exemplo 2, mostrado anteriormente, foi importante para consolidar seus conhecimentos de análise de projetos de investimento, pois o fluxo de caixa não estava diretamente disponível. Além disso, você provavelmente se motivou a obter um financiamento para a Asa, afinal, não pode deixar a produção cair. Mas e agora, onde buscar o dinheiro? Há alguns aspectos básicos que você deve analisar:

- taxa de juros;
- prazo do financiamento;
- sistema de amortização;
- taxas da instituição que oferece o empréstimo;
- garantias exigidas em troca do empréstimo, ou seja, a contrapartida.

Agora, após a análise considerando os aspectos citados, precisamos responder algumas perguntas:

- O que financiar? Em relação à finalidade, Peters e Timmerhaus (1991) afirmam que os financiamentos podem ser dirigidos para capital fixo (equipamentos e obras civis), capital de giro, projetos, desenvolvimento de novos produtos e tecnologias.

- Onde obter financiamento? A origem dos recursos depende da finalidade. Exemplos são a Financiadora de Projetos (Finep) para projetos, desenvolvimento de novos produtos e tecnologias; bancos de desenvolvimento, como o Banco Nacional de Desenvolvimento Econômico e Social (BNDES), BNDES/Finame (Financiamento de Máquinas e Equipamentos) e o Banco Regional do Desenvolvimento do Extremo Sul (BRDE) para capital fixo e capital de giro; bancos estatais ou privados. Além disso, pode ser feita a captação de recursos do público em geral através de debêntures.

- Como conseguir financiamento? A operação financeira pode se dar basicamente de duas formas: empréstimo em valores ou arrendamento mercantil, que você deve ter ouvido falar como *leasing*.

Debêntures são títulos de empresas que têm um valor monetário. Esses títulos são comprados por bancos ou diretamente pelo público e serão resgatados, ou seja, a empresa deve devolver o dinheiro acrescido de juros, em médio e longo prazo. Não se esqueça de que a captação de recursos por debêntures deve gerar um lançamento contábil em seu ativo (caixa) e outro em seu passivo (circulante ou exigível a longo prazo).

O *leasing* é uma operação bastante comum não apenas para empresas como para o público em geral. Como funciona? Em vez de fazer o empréstimo para a aquisição do bem, é feito o aluguel do equipamento. Assim, para verificar a viabilidade, deve ser comparado o fluxo de caixa referente ao empréstimo e à aquisição com o fluxo de caixa do pagamento do aluguel. O mais importante é o fato de que a empresa pode ou não fazer a aquisição do bem após o aluguel.

O que, onde e como: palavras-chave no financiamento.

5.3 Fontes de investimento

Lembre-se de que, em alguns casos, a Asa pode dispor de dinheiro, mas o investimento pode ficar abaixo da nossa velha companheira TMA. E aí, o que fazer? Não podemos deixar o dinheiro parado, lembre-se de que tempo é dinheiro. Assim, algumas alternativas de investimento que podem superar a TMA são listadas a seguir:

- **Certificado de Depósito Bancário (CDB)** – Esse certificado é emitido pelos bancos e vendido ao público para captação de recursos. Normalmente, seu redimento não considera a inflação, sendo oferecido com uma taxa de juros global. Sua vantagem é o fato de poder ser negociado a qualquer momento dentro do prazo contratado, mas quando há um prazo menor do que aquele mínimo previsto (30, 60 ou 90 dias para os títulos prefixados). Essa aplicação sofre incidência de IR.

- **Caderneta de poupança** – É uma aplicação bastante conhecida pelo baixo risco e, portanto, baixo rendimento. O governo garante até determinado valor, independentemente do banco no qual foi feito o depósito. As taxas de juros são prefixadas e há ainda a correção monetária.

- **Ouro e moedas estrangeiras** – A aplicação de recursos em ouro e moedas estrangeiras apresenta risco médio, no entanto, são importantes para evitar prejuízos em razão de possíveis alterações no cenário local, como eleições e guerras.

- *Swap* – São operações nas quais há troca de posições quanto ao risco e à rentabilidade. Vamos analisar os seguintes exemplos:

  - Suponha que a Asa exporta os sapatos, logo, terá receitas em moeda estrangeira e dívidas em moeda local, corrigidas por juros pós-fixados. Assim, a Asa pode trocar o risco cambial (relativo à moeda estrangeira) pelo risco de juros pós-fixados. Portanto, seu objetivo como diretor da Asa é a proteção contra riscos cambiais.

  - Agora, suponha que a Asa não exporta, mas precisa de matéria-prima estrangeira. Dessa forma, as dívidas são atreladas à moeda estrangeira e as receitas à moeda local. Você pode aplicar uma parte das receitas remuneradas a uma taxa de juros pós-fixada. Então, agora, você deve buscar o oposto do caso anterior, ou seja, trocar seu risco referente à variação da taxa de juros pelo risco cambial.

- **Títulos governamentais** – Representam títulos emitidos pelos governos dos países para captação de recursos. O governo brasileiro emite títulos cuja finalidade é a obtenção de dinheiro para investimentos em obras de infraestrutura ou obras de políticas sociais. Acessando o *site* do Ministério da Fazenda, você pode conhecer detalhes, como taxas de juros praticadas, investimento mínimo, entre outros.

Síntese

No capítulo anterior, você estudou alguns tópicos mais avançados para a análise de investimentos. Neste capítulo, apresentamos uma análise de investimento unindo todos os conhecimentos já adquiridos. Além disso, você viu algumas alternativas para buscar financiamento, bem como o que fazer com o dinheiro quando o investimento proposto não é adequado.

Questões para revisão

1. Uma empresa fará um investimento de R$ 900.000,00 em equipamentos. Além disso, será necessário mais R$ 100.000,00 de capital de giro. Os equipamentos terão custos diretos de produção de R$ 300.000,00/ano e custos indiretos de R$ 10.000,00/ano. As despesas (gerais e fixas) serão de R$ 80.000,00/ano. Estudos do fornecedor indicam uma depreciação de 10% ao ano por 10 anos. As receitas líquidas adicionais decorrentes da expansão giram em torno de R$ 750.000,00/ano, há incidência de IR de 35% e a vida útil dos equipamentos é de 15 anos, após a qual eles podem valer R$ 10.000,00 (resíduo). Mas essa empresa dispõe de apenas metade do capital necessário (equipamentos + giro) para o investimento. Os R$ 500.000,00 restantes deverão ser emprestados junto a um banco, que cobrará taxa de juros efetiva de 5% ao ano, sendo o tempo de financiamento de 5 anos pelo sistema Price. O projeto será atrativo, considerando uma TMA de 10%?

2. Calcule a TIR do exercício 1 considerando os mesmos dados.

3. Assinale a alternativa que apresenta a afirmativa **incorreta**:

   a) CDB tem liquidez razoável, pois pode ser negociado a qualquer momento.

   b) Operações de *swap* envolvem riscos.

   c) Caderneta de poupança é uma aplicação de elevadíssimo risco.

   d) Moedas estrangeiras representam uma alternativa de proteção a possíveis alterações no cenário local, como o envolvimento em guerras.

4. Assinale a alternativa que apresenta a afirmativa correta:

   a) Financiamentos são sempre feitos pelo sistema SAC.

   b) Nenhuma instituição financeira pode exigir garantias sobre o empréstimo.

   c) A taxa de juros é um importante fator para um empréstimo.

   d) O prazo de qualquer financiamento é sempre superior a 10 anos.

5. Assinale a alternativa que apresenta a afirmativa **incorreta**:

   a) A emissão de debêntures está ligada ao lançamento de ativos e passivos contábeis.

   b) A finalidade de um financiamento pode ser para capital de giro.

   c) O *leasing* é sempre uma melhor opção do que a compra de um equipamento.

   d) Após o término do contrato de *leasing*, não necessariamente deve ser feita a aquisição do bem.

Questões para reflexão

1. Você consegue listar desvantagens no uso de debêntures para a captação de recursos? E no uso de *leasing*? Você consideraria a taxa de juros? E o prazo de pagamento?

2. Quais são as razões que levariam você a escolher um investimento que, apesar de oferecer maiores rendimentos, apresenta mais riscos? Onde você investiria o capital que não fará falta caso seja perdido?

Saiba mais

FINEP – Financiadora de Estudos e Projetos. Disponível em: <http://www.finep.gov.br>. Acesso em: 15 set. 2016.

Consulte o *site* da Finep, ligada ao Ministério da Ciência e Tecnologia, para saber mais detalhes sobre o financiamento de projetos. Analise com atenção a seção "Como obter financiamento".

Estudo de caso[1]

Uma empresa de produtos químicos, a Chemxy, está fazendo um estudo de engenharia econômica para a ampliação de sua fábrica de produção de polietileno. Para tanto, será necessário um investimento de R$ 1.900.000,00 em equipamentos e mais R$ 300.000,00 de capital de giro. Os equipamentos terão custos diretos de produção de R$ 500.000,00/ano e custos indiretos de R$ 50.000,00/ano. As despesas (gerais e fixas) serão de R$ 110.000,00/ano. O fabricante dos equipamentos indica uma depreciação de 10% ao ano por 10 anos. As receitas líquidas adicionais decorrentes da expansão giram em torno de R$ 1.000.000,00/ano, há incidência de Imposto de Renda (IR) de 35% e a vida útil dos equipamentos é de 15 anos, após a qual eles podem valer R$ 10.000,00 (resíduo). A Chemxy possui metade do capital inicial (equipamentos + giro) do investimento, o qual será obtido a partir de transferências no ativo/passivo da empresa. O restante será financiado junto a um banco com taxa de juros efetiva de 5% ao ano, sendo o tempo de financiamento de 10 anos pelo sistema de amortização constante (SAC). Pede-se:

1. Adaptado de Casarotto Filho; Kopittke, 1996, p. 203.

a) O projeto será atrativo, considerando uma Taxa Mínima de Atratividade (TMA) de 5%?

b) Faça uma análise de sensibilidade, considerando uma variação de 5% da TMA até o valor máximo de 30%.

c) Para a TMA de 10% ao ano, considerando os lucros como a média de distribuições normais e desvio-padrão como 5% do valor da média, qual o risco da TMA não ser atingida?

Etapa 1) Cálculo da planilha do financiamento

Como o investimento total inicial a ser financiado é de R$ 1.100.000,00, a partir da Tabela 1, obtemos os seguintes valores para o financiamento por 10 anos, considerando uma taxa de juros de 5% ao ano:

Tabela 1 – Financiamento da Chemxy pelo sistema SAC, em milhares de reais

	Amortização	Juros	Prest.	Saldo
				1.100
1	110	55	165	990
2	110	49,5	159,5	880
3	110	44	154	770
4	110	38,5	148,5	660
5	110	33	143	550
6	110	27,5	137,5	440
7	110	22	132	330
8	110	16,5	126,5	220
9	110	11	121	110
10	110	5,5	115,5	0

Etapa 2) Cálculo do fluxo de caixa

A partir dos dados do enunciado e da planilha de financiamento, podemos montar a Tabela 2, a seguir, dada em milhares de reais, correspondente à Demonstração do Resultado do Exercício (DRE) da Chemxy. A partir dos valores do lucro, podemos montar o seguinte fluxo de caixa:

Figura 1 – Fluxo de caixa do estudo de caso, em milhares de reais

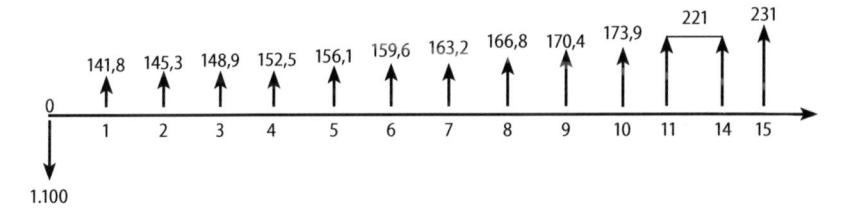

A partir do método do valor presente (VP), considerando a TMA de 10% ao ano, obtemos um valor presente líquido (VPL) de aproximadamente R$ 700.000,00, tornando, portanto, o projeto atrativo.

$$VPL = \left[\frac{141,8}{(1+0,1)} + \frac{145,3}{(1+0,1)^2} + \frac{148,9}{(1+0,1)^3} + \frac{152,5}{(1+0,1)^4} + \frac{156,1}{(1+0,1)^5} + \right.$$
$$+ \frac{159,6}{(1+0,1)^6} + \frac{163,2}{(1+0,1)^7} + \frac{166,8}{(1+0,1)^8} + \frac{170,4}{(1+0,1)^9} + \frac{173,9}{(1+0,1)^{10}} +$$
$$\left. + \sum_{p=11}^{14} \frac{221}{(1+0,1)^p} + \frac{231}{(1+0,1)^{15}} \right] - 1.100 = 699,92$$

Usando a equação a seguir, obtém-se uma taxa interna de retorno (TIR) de aproximadamente 12,5% (**i = 0,125**):

$$\left[\frac{141,8}{(1+i)} + \frac{145,3}{(1+i)^2} + \frac{148,9}{(1+i)^3} + \frac{152,5}{(1+i)^4} + \frac{156,1}{(1+i)^5} + \right.$$
$$+ \frac{159,6}{(1+i)^6} + \frac{163,2}{(1+i)^7} + \frac{166,8}{(1+i)^8} + \frac{170,4}{(1+i)^9} + \frac{173,9}{(1+i)^{10}} +$$
$$\left. + \sum_{p=11}^{14} \frac{221}{(1+i)^p} + \frac{231}{(1+i)^{15}} \right] = 1.100$$

Tabela 2 – Operações financeiras da Chemxy, em milhares de reais

Ano	0	1	2	3	4	5	6	7	8	9	10	11-14	15
Investimento inicial	(1.900) (300)	–	–	–	–	–	–	–	–	–	–	–	–
Resíduo	–	–	–	–	–	–	–	–	–	–	–	–	10
Financiamento	1100	–	–	–	–	–	–	–	–	–	–	–	–
Receita líquida	–	1.000	1.000	1.000	1.000	1.000	1.000	1.000	1.000	1.000	1.000	1.000	1.000
Custos diretos de produção	–	(500)	(500)	(500)	(500)	(500)	(500)	(500)	(500)	(500)	(500)	(500)	(500)
Custos indiretos de produção	–	(50)	(50)	(50)	(50)	(50)	(50)	(50)	(50)	(50)	(50)	(50)	(50)
Lucro bruto	–	450	450	450	450	450	450	450	450	450	450	450	450
Despesas operacionais	–	(110)	(110)	(110)	(110)	(110)	(110)	(110)	(110)	(110)	(110)	(110)	(110)
Depreciação	–	(190)	(190)	(190)	(190)	(190)	(190)	(190)	(190)	(190)	(190)	–	–
Despesas financeiras (juros)	–	(55)	(49,5)	(44)	(38,5)	(33)	(27,5)	(22)	(16,5)	(11)	(5,5)	–	–
Lucro antes do IR	–	95	100,5	106	111,5	117	122,5	128	133,5	139	144,5	340	340
IR (Alíquota 35%)	–	(33,3)	(35,2)	(37,1)	(39)	(41)	(42,9)	(44,8)	(46,7)	(48,7)	(50,6)	(119)	(119)
Lucro após o IR	–	61,8	65,3	68,9	72,5	76,1	79,6	83,2	86,8	90,4	93,9	221	221
Depreciação	–	190	190	190	190	190	190	190	190	190	190	–	–
Amortização do financiamento		(110)	(110)	(110)	(110)	(110)	(110)	(110)	(110)	(110)	(110)	–	–
Saldo final	(1.100)	141,8	145,3	148,9	152,5	156,1	159,6	163,2	166,8	170,4	173,9	221	231

Etapa 3) Análise de sensibilidade

A partir do fluxo de caixa da Figura 1, foi conduzida uma análise de sensibilidade, considerando uma variação positiva e negativa de 5% da TMA até o valor máximo de 30%, conforme o enunciado do estudo de caso. Essa análise é importante para verificar qual a influência da TMA sobre a viabilidade do investimento. A Tabela 3 apresenta o VPL considerando distintos valores da TMA. Observa-se que o projeto só é viável para TMAs inferiores a 15%. Isso significa que, caso a Chemxy precise de investimentos de maior rentabilidade, não deve investir em sua expansão como colocada. Uma alternativa é rever os custos diretos e indiretos de produção, visando aumentar o lucro.

Tabela 3 – Análise de sensibilidade, em milhares de reais

TMA	VPL
5%	700
10%	178
15%	−143
20%	−352
25%	−494
30%	−594

Etapa 4) Análise de risco

Inicialmente, devem ser obtidos os parâmetros das distribuições que descrevem os lucros do fluxo de caixa, sendo os valores apresentados na Tabela 4.

Tabela 4 – Análise das distribuições estatísticas de cada parcela do estudo de caso

Parcela	Média μ	Desvio-padrão, em milhares de reais σ	Variância, em (milhares de reais)² σ²
1	141,8	7,09	50,23
2	145,3	7,27	52,80
3	148,9	7,45	55,43
4	152,5	7,62	58,12
5	156,1	7,80	60,88
6	159,6	7,98	63,70
7	163,2	8,16	66,59
8	166,8	8,34	69,53
9	170,4	8,52	72,55
10	173,9	8,70	75,62
11	221	11,05	122,10
12	221	11,05	122,10
13	221	11,05	122,10
14	221	11,05	122,10
15	231	11,55	133,40

A partir dos valores mostrados, devemos calcular o valor esperado do VP (média). Considerando a TMA de 5%, o VP esperado, em milhares de reais, é:

$$VP = \left[\frac{141,8}{(1+0,1)} + \frac{145,3}{(1+0,1)^2} + \frac{148,9}{(1+0,1)^3} + \frac{152,5}{(1+0,1)^4} + \right.$$
$$+ \frac{156,1}{(1+0,1)^5} + \frac{159,6}{(1+0,1)^6} + \frac{163,2}{(1+0,1)^7} + \frac{166,8}{(1+0,1)^8} +$$
$$\left. + \frac{170,4}{(1+0,1)^9} + \frac{173,9}{(1+0,1)^{10}} + \sum_{p=11}^{14} \frac{221}{(1+0,1)^p} + \frac{231}{(1+0,1)^{15}} \right] = 1.278,22$$

Lembre-se de que o VP esperado é a média de uma distribuição e que precisamos calcular sua variância. Agora vem uma análise extremamente importante: se as parcelas foram independentes, ou seja, não sofreram nenhuma influência, o termo de covariâncias é igual a zero, o que simplifica muito a análise. No entanto, tenha em mente que isso nem sempre é válido. Assim, a partir da equação a seguir, calcula-se a variância (em milhares de reais) e o desvio-padrão (em reais) do VP esperado:

$$\sigma_{VP}^2 = \frac{141,8}{(1+0,1)^2} + \frac{145,3}{\left((1+0,1)^2\right)^2} + \frac{148,9}{\left((1+0,1)^3\right)^2} + \frac{152,5}{\left((1+0,1)^4\right)^2} +$$

$$+ \frac{156,1}{\left((1+0,1)^5\right)^2} + \frac{159,6}{\left((1+0,1)^6\right)^2} + \frac{163,2}{\left((1+0,1)^7\right)^2} + \frac{166,8}{\left((1+0,1)^8\right)^2} +$$

$$+ \frac{170,4}{\left((1+0,1)^9\right)^2} + \frac{173,9}{\left((1+0,1)^{10}\right)^2} + \sum_{p=11}^{14} \frac{221}{\left((1+0,1)^p\right)^2} + \frac{231}{\left((1+0,1)^{15}\right)^2} = 290,457$$

A hipótese a ser provada é de que Investimento > VP. Assim, precisamos calcular o parâmetro **R**, conforme a equação a seguir:

$$R = \frac{\text{Investimento} - VP}{\sigma VP}$$

$$R = \frac{1.100.000 - 1.278.220}{17.042} = -10,45$$

Com o valor de R, você pode consultar a Tabela 4.3 e, por interpolação linear, obter um valor aproximado de 99,99%. Esse valor significa que a TIR tem 99,99% de probabilidade de se manter acima da TMA. Por quê? Porque a variação dos lucros, ou seja, o desvio-padrão, é relativamente baixo.

Apenas por curiosidade, refazendo os cálculos para um desvio-padrão correspondente a 40% do valor da média, a probabilidade de a TIR se manter acima da TMA cai para 90%, o que representa um número ainda elevado.

Para concluir...

Chegamos ao final dos elementos de engenharia econômica. Apresentamos diversos desafios em nossa jornada pela matemática financeira, contabilidade e análise de projetos de investimento. Passamos de compradores de mercadorias e chegamos à tomada de decisões de uma empresa, munidos de embasamento para dar o pontapé inicial rumo à solução de qualquer problema, tendo em vista a diversidade de situações e os exemplos que analisamos. Dessa forma, esta obra oferece conhecimentos básicos para a análise de diferentes taxas de juros, da influência de inflação e dos sistemas de amortização. Após esse primeiro passo, você mergulhou no mundo contábil de uma empresa. Relembre que você conheceu melhor os demonstrativos contábeis, teve noções de custos e, finalmente, examinou diversos indicadores contábeis. Continuando nossa caminhada, você viu como analisar diferentes alternativas de investimento e aprendeu sobre critérios econômicos, financeiros e imponderáveis. Além disso, aplicou esses conhecimentos em análises para a substituição de equipamentos e na análise de risco. Por fim, viu o lado prático da engenharia econômica, quando abordamos tópicos sobre financiamentos de projetos. Agora, você dispõe do embasamento necessário para analisar projetos de investimento, calculando critérios econômicos, bem como analisando situações de risco.

Agora é sua a vez: encontre um caminho ou abra um!

Referências

ADARLAN, A. **Economic and Financial Analysis for Engineering and Project Management**. Lancaster: Technomic Publishing Company, 2000.

BARBIERI, J. C.; ÁLVARES, A. C. T.; MACHLINE, C. Taxa interna de retorno: controvérsias e interpretações. **Revista GEPROS – Gestão da Produção, Operações e Sistemas**, Bauru, ano 2, v. 5, p. 131-142, out./dez. 2007. Disponível em: <http://revista.feb.unesp.br/index.php/gepros/article/view/184/133>. Acesso em: 13 dez. 2016.

BARROS NETO, B. de; SCARMINIO, I. S.; BRUNS, R. E. **Como fazer experimentos**: pesquisa e desenvolvimento na ciência e na indústria. 3. ed. Campinas: Ed. da Unicamp, 2007.

BRASIL. Lei n. 6.404, de 15 de dezembro de 1976. **Diário Oficial da União**, Poder Legislativo, Brasília, DF, 17 dez. 1976. Disponível em: <http://www.planalto.gov.br/ccivil_03/leis/l6404compilada.htm>. Acesso em: 6 set. 2016.

CASAROTTO FILHO, N.; KOPITTKE, B. H. **Análise de investimentos**. 7. ed. São Paulo: Atlas, 1996.

DIAS, A. G. Canção do Tamoyo (Natalícia). In: _____. **Últimos cantos**. Rio de Janeiro: Typographia de F. de Paula Brito, 1851. p. 33-43.

FERREIRA, A. B. de H. **Novo dicionário Aurélio da língua portuguesa**. 4. ed. Curitiba: Positivo, 2009.

HESS, G. et al. **Engenharia econômica**. 17. ed. São Paulo: Difel, 1984.

IUDÍCIBUS, S. de; MARTINS, E.; GELBCKE, E. R. **Manual de contabilidade das sociedades por ações**. 5. ed. São Paulo: Atlas, 2000.

LUCENTINI, J. C. **ABC das finanças**: aprendizagem rápida e fácil em finanças. São Paulo: Novatec, 2007.

MARTINS, E. **Contabilidade de custos**. 9. ed. São Paulo: Atlas, 2008.

MORANTE, A. S. **Análise das demonstrações financeiras**. 2. ed. São Paulo: Atlas, 2009.

MOTTA, R. da R. et al. **Engenharia econômica e finanças**. Rio de Janeiro: Elsevier, 2009.

NEWMAN, D. G.; ESCHENBACH, T. G.; LAVELLE, J. P. **Engineering Economic Analysis**. 9. ed. New York: Oxford University Press, 2004.

PETERS, M. S.; TIMMERHAUS, K. D. **Plant Design and Economics for Chemical Engineers**. 4. ed. New York: McGraw-Hill, 1991.

ULRICH, G. D. **A Guide to Chemical Engineering Process Design and Economics**. New York: John Wiley & Sons, 1984.

Respostas

Capítulo 1

Questões para revisão
1. R$ 12.470,30.
2. Sistema Price: $P_1 = 116{,}06$; $P_2 = 116{,}88$; $P_3 = 117{,}93$; $P_4 = 119{,}11$; $P_5 = 119{,}58$.
   Sistema SAC: $P_1 = 125{,}63$; $P_2 = 121{,}44$; $P_3 = 117{,}43$; $P_4 = 113{,}45$; $P_5 = 108{,}73$.
3. a
4. c
5. b

Questões para reflexão

1. Além da compra de matéria-prima, alternativas para fugir dos efeitos da inflação seriam a compra de ouro e de moeda estrangeira de países com economia estável, a antecipação de investimentos, entre outros.
2. Quando o capital de giro da empresa for baixo, quando a empresa tem a política de usar os resultados do investimento para pagar o empréstimo em vez de sacrificar capital próprio, quando as taxas de juros não forem elevadas, entre outras.

Capítulo 2

Questões para revisão

1.

Item	Ano 9	Ano 10
Receita Bruta	1.000	1.500
Deduções	(200)	(400)
Receita Líquida	800	1.100
Custos Diretos de Produção	(400)	(500)
Custos Indiretos de Produção	(100)	(200)
Lucro Bruto	300	400
Despesas Operacionais	(80)	(85)
Depreciação	(10)	(15)
Lucro Antes dos Juros ou Resultado Operacional	210	300
Despesas Financeiras	(10)	(30)
Lucro Antes do IR ou Resultado do Exercício	200	270
IR (Alíquota 30%)	(60)	(81)
Lucro Após o IR	140	189

2.
   a) Margem operacional:
      Ano 9: 210/800 = 0,263;
      Ano 10: 300/1.100 = 0,273.
   b) Margem líquida:
      Ano 9: 140/800 = 0,175;
      Ano 10: 189/1.100 = 0,172.

3. c
4. c
5. c

Questões para reflexão

1. Uma lista de prioridades a serem analisadas para redução de custos é composta por: mão de obra, matéria-prima, distribuição e revenda de produtos,

comissões para vendedores, eficiência operacional de equipamentos, investimento em novas tecnologias, margem de lucro, entre outros.

2. A importância está no fato de se conhecer qual é o volume mínimo de produtos que devem ser vendidos para que os custos sejam superados pelas receitas, ou seja, para que comece a haver lucro. Dessa forma, é possível a definição dos valores de venda dos produtos.

Capítulo 3
Questões para revisão

1. A alternativa I, pois apresenta o maior VPL.

$$VPL_I = -200 + \frac{50}{1,1} + \frac{50}{1,1 \cdot 1,11} + \frac{50}{1,1 \cdot 1,11 \cdot 1,12} + \frac{50}{1,1 \cdot 1,11 \cdot 1,12 \cdot 1,13} + \cdots +$$

$$\frac{50}{1,1 \cdot 1,11 \cdot 1,12 \cdot 1,13 \cdot 1,14 \cdot 1,15 \cdot 1,16 \cdot 1,17} = 47,8$$

Fluxos de caixa deverão ser corrigidos pela inflação, conforme indicado a seguir:

Alternativa I	Alternativa II
$\frac{50}{(1+0,02)} = 49,02$	$\frac{70}{(1+0,02)} = 68,63$
$\frac{50}{(1+0,02) \cdot (1+0,025)} = 47,82$	$\frac{70}{(1+0,02) \cdot (1+0,025)} = 66,95$
$\frac{50}{(1+0,02) \cdot (1+0,025) \cdot (1+0,03)} = 46,43$	$\frac{70}{(1+0,02) \cdot (1+0,025) \cdot (1+0,03)} = 65$
44,86	62,81
43,14	60,39
41,28	57,79
39,31	55,04
37,26	52,17

2. O VPL deve ser calculado com as informações dessa tabela, assim, a alternativa I é a melhor, pois apresenta maior VPL.

$$VPL_I = -200 + \frac{49,02}{1,1} + \frac{47,82}{1,1 \cdot 1,11} + \frac{46,43}{1,1 \cdot 1,11 \cdot 1,12} +$$
$$+ \frac{44,86}{1,1 \cdot 1,11 \cdot 1,12 \cdot 1,13} + \frac{43,14}{1,1 \cdot 1,11 \cdot 1,12 \cdot 1,13 \cdot 1,14} +$$
$$+ \frac{41,28}{1,1 \cdot 1,11 \cdot 1,12 \cdot 1,13 \cdot 1,14 \cdot 1,15} + \frac{39,31}{1,1 \cdot 1,11 \cdot 1,12 \cdot 1,13 \cdot 1,14 \cdot 1,15 \cdot 1,16} +$$
$$+ \frac{37,26}{1,1 \cdot 1,11 \cdot 1,12 \cdot 1,13 \cdot 1,14 \cdot 1,15 \cdot 1,16 \cdot 1,17} = 21,8$$

$$VPL_{II} = -300 + \frac{70}{1,1} + \frac{70}{1,1 \cdot 1,11} +$$
$$+ \frac{70}{1,1 \cdot 1,11 \cdot 1,12} + \frac{70}{1,1 \cdot 1,11 \cdot 1,12 \cdot 1,13} +$$
$$+ \cdots + \frac{70}{1,1 \cdot 1,11 \cdot 1,12 \cdot 1,13 \cdot 1,14 \cdot 1,15 \cdot 1,16 \cdot 1,17} = 47,0$$

3. d
4. d
5. d

Questões para reflexão

1. Sim, considerar critérios imponderáveis na avaliação de projetos de investimento é importante, pois esses critérios podem estar associados ao bem-estar do trabalhador. Um equipamento mais barato, por exemplo, pode ser mais barulhento ou não ergonômico, e, assim, poderá levar a um desgaste maior do funcionário; portanto, mesmo sendo economicamente viável, não é recomendável que seja adquirido.

2. Segurança e risco do investimento, cenário político-econômico da região ou país onde será feito o investimento, liquidez, TMAs de outras empresas ou TMA da mesma empresa, mas em outros períodos, taxas de aplicações financeiras como poupança, CDB e outros.

Capítulo 4

Questões para revisão

1. Cálculo do valor presente; cálculo do desvio-padrão do valor presente. A hipótese a ser provada é de que Investimento > VP. Assim, precisamos calcular R, conforme a Equação 22. Com o valor de R, você pode consultar a Tabela 4.3 e, por interpolação linear, obter um valor aproximado de 67%. Esse valor significa que a TIR tem 67% de probabilidade de se manter acima da TMA.
2. Refere-se a uma análise considerando um aumento ou uma redução de valores das variáveis do problema, bem como analisar a influência dessa mudança sobre o resultado final. Assim, é possível saber qual variável é mais ou menos influente.
3. b
4. b
5. b

Questões para reflexão

1. A importância básica é fazer um mapeamento dos resultados considerando condições operacionais próximas da condição especificada. Por exemplo: faz-se o cálculo da viabilidade do investimento considerando uma TMA de 10%, mas também é analisada a viabilidade, considerando valores inferiores e superiores a 10% para a TMA, de forma a verificar se houve alteração na viabilidade do investimento.
2. A variância é obtida a partir de estudos de investimentos similares prévios, possibilidade de mudança no mercado, possibilidade de inflação, possibilidade de calotes, entre outros.

Capítulo 5

Questões para revisão

1. Tabela do sistema Price, em milhares de reais, juros de 5% ao ano, por 5 anos

Período k	Amortização A_k	Juros J_k	Prestação P_k	Saldo devedor S_k
0	–	–	–	500
1	115,49	25,0	90,49	409,51
2	115,49	20,5	95,01	314,50
3	115,49	15,7	99,79	214,71
4	115,49	10,7	104,79	109,99
5	115,49	5,5	109,99	0

Tabela DRE da empresa

Descrição	0	1	2	3	4	5	6-10	11-14	15
Investimento inicial	(900) (100)	–	–	–	–	–	–	–	–
Resíduo	–	–	–	–	–	–	–	–	10
Financiamento	500								
Receita líquida	–	750	750	750	750	750	750	750	750
Custos diretos de produção	–	(300)	(300)	(300)	(300)	(300)	(300)	(300)	(300)
Custos indiretos de produção	–	(10)	(10)	(10)	(10)	(10)	(10)	(10)	(10)
Lucro bruto	–	440	440	440	440	440	440	440	440
Despesas operacionais	–	(80)	(80)	(80)	(80)	(80)	(80)	(80)	(80)
Depreciação	–	(90)	(90)	(90)	(90)	(90)	(90)	–	–
Despesas financeiras (juros)	–	(25)	(20,5)	(15,7)	(10,7)	(5,5)	–	–	–
Lucro antes do IR	–	245	249,5	254,3	259,3	264,5	270	360	360
Imposto de Renda (Alíquota 35%)	–	(85,75)	(87,32)	(89)	(90,76)	(92,58)	(94,5)	(126)	(126)
Lucro após o IR	–	159,25	162,18	165,3	168,54	171,92	175,5	234	234
Depreciação	–	90	90	90	90	90	90	–	–

(continua)

(conclusão)

Descrição	0	1	2	3	4	5	6-10	11-14	15
Amortização do financiamento		(90,49)	(95,01)	(99,79)	(104,79)	(109,99)	–	–	–
Saldo final	(500)	158,76	157,17	155,51	153,75	151,93	265,5	234	244

Cálculo do VPL:

$$VPL = \left[\frac{158,76}{(1+0,1)} + \frac{157,17}{(1+0,1)^2} + \frac{155,51}{(1+0,1)^3} + \frac{153,75}{(1+0,1)^4} + \frac{151,93}{(1+0,1)^5} + \right.$$

$$\left. + \sum_{k=6}^{10} \frac{265,5}{(1+0,1)^k} + \sum_{p=11}^{14} \frac{234}{(1+0,1)^p} + \frac{244}{(1+0,1)^{15}} \right] - 500 = 1.059,7$$

Como o VPL é positivo, a opção é boa.

2.

$$\left[\frac{158,76}{(1+i)} + \frac{157,17}{(1+i)^2} + \frac{155,51}{(1+i)^3} + \frac{153,75}{(1+i)^4} + \frac{151,93}{(1+i)^5} + \sum_{k=6}^{10} \frac{265,5}{(1+i)^k} + \right.$$

$$\left. + \sum_{p=11}^{14} \frac{234}{(1+0,1)^p} + \frac{244}{(1+i)^{15}} \right] = 500 \rightarrow i = 35,3\%$$

2. c
3. c
4. c

Questões para reflexão

1. As principais desvantagens do *leasing* são a taxa de juros e os prazos que, muitas vezes, podem ser excessivamente longos. Quanto ao uso de debêntures, são o prazo de resgate do investidor e a taxa de juros oferecida.

2. Em geral, são investimentos que devem ser escolhidos quando o capital investido não fará falta caso haja perda significativa.

Sobre os autores

Andréa Ryba

É graduada em Engenheira Química (2008) pela Universidade Federal do Paraná (UFPR) e mestre em Engenharia Química (2011) pela mesma instituição. Atualmente é professora da UFPR. Tem experiência nas áreas de engenharia química, modelagem, simulação e otimização de processos e sistemas.

Ervin Kaminski Lenzi

É graduado em Física (1996) pela Universidade Estadual de Maringá (UEM), mestre em Física (1998) pelo Centro Brasileiro de Pesquisas Físicas (CBPF), doutor em Física (2002) pela mesma instituição e pós-doutor (2010) pelo Politecnico Di Torino. Atualmente é professor da Universidade Estadual de Ponta Grossa (UEPG). Tem experiência nas áreas de física, métodos matemáticos, mecânica estatística e difusão anômala.

Marcelo Kaminski Lenzi

É graduado em Engenharia Química (1999) pela UEM, mestre em Engenharia Química (2002) pela Universidade Federal do Rio de Janeiro (UFRJ) e doutor em Engenharia Química (2004) pela mesma instituição. Atualmente é professor da UFPR. Tem experiência nas áreas de engenharia química, modelagem, simulação e controle de processos e cálculo fracionário.

Impressão:
Outubro/2023